초등학생 때 배워
평생 써먹는
공부법

단단한 어린이가 되는 주니어 자기계발 시리즈 ①

초등학생 때 배워 평생 써먹는 공부법

박은교 글 | 이수영 그림

내케주니어

작가의 말

공부법을 알면 공부가 더 재미있고 쉬워져요!

　공부하는 이유를 생각해 본 적이 있나요? 학교에서 시키니까 어쩔 수 없다고요? 아니면 시험을 잘 치르기 위해서라고요? 혹은 부모님께 칭찬받기 위해 한다고요?
　공부를 하는 이유는 아마 사람마다 다 다를 거예요. 그런데 잘 생각해 보세요. 사람은 누구나 공부하는 것을 좋아한답니다. 힘들고 어려운 공부를 누가 좋아하냐고요? 여기서 공부는 꼭 학교에서의 공부만이 아니에요. 스케이트 타는 법을 배우는 것도 공부고, 자연으로 나가 식물이 어떻게 살아가는지 살펴보는 것도, 새로운 책을 읽는 것도 모두 '공부'랍니다.
　어때요, 이렇게 생각해 보니 공부가 즐겁다는 말이 이해가 되지요? 사람은 누구나 '배우고 때로 익히면 즐겁지 아니한가.'라는 공자님 말씀처럼 무언가 배우기를 좋아하는 마음이 있답니다.

　이 책에 등장하는 인물들은 공부를 잘하기도 했지만 무엇보다 공부하기를 정말 좋아했어요. 엄청난 집중력으로 새 원소를 발견해 노벨상을 두 번이나 받았던 퀴리 부인, 좋아하는 영어를 열심히 공부해 마침내 유엔 사무총장의 자리에까지 오른 반기문, 이해가 안 되면 반복 또 반복했던 세종 대왕, 공부를 놀이처럼 즐긴 물리학자 리처드 파인먼, 공부한 것을 반드시 실천하려 했던 대학자 이황…….

　이들이 공부의 왕이 된 것은 단지 1등을 하기 위한 게 아니었어요. 바로 '공부의 즐거움' 때문이었지요. 이들은 세상과 사물에 대한 호기심이 생기면 공부를 통해 풀었어요. 그러다 보니 재미가 생겨 점점 더 깊이 공부하게 되었고요. 이처럼 무엇을 위한 '수단'이 아니라 공부 '자체'가 즐거울 때 '진짜 공부'를 한다고 말할 수 있을 거예요. 또한 공부의 즐거움에 빠졌던 이들은 자신이 쌓은 지식으로 다른 사람을 돕고 세상을 더욱 살기 좋은 곳으로 만들었어요.

　자, 공부가 더 재미있고 쉬워지는 공부법은 어떤 것인지 만나볼까요?

박은교

 **차례**

작가의 말 · 4

집중력이 중요해
어려운 현실과 가난을 극복한 **마리 퀴리** · 8
공부법 ❶ 즐거운 일에 집중하기 · 24

자신이 좋아하는 것을 꾸준히
오랫동안 꿈의 토대를 닦은 **반기문** · 26
공부법 ❷ 꾸준히 오래 공부하기 · 42

반복에서 오는 깨달음
알 때까지 반복 또 반복했던 **세종 대왕** · 44
공부법 ❸ 어려운 것을 반복하기 · 58

세상의 이치를 찾는 즐거움
진짜 아는 것의 기쁨을 즐겼던 **리처드 파인먼** · 60
공부법 ❹ 놀이를 하듯 공부하기 · 72

읽고 또 읽고
책으로 인생을 바꾼 **오프라 윈프리** • 74
공부법 ⑤ 책을 항상 가까이하기 • 88

실천하는 공부
네 명의 임금을 모셨던 **이황** • 90
공부법 ⑥ 배운 것은 반드시 실천하기 • 104

목표를 분명하게
분명한 꿈을 가지고 실력을 쌓은 **버락 오바마** • 106
공부법 ⑦ 미래를 상상하기 • 120

바보 같은 끈기
평범한 직장인에서 노벨상까지 수상한 **다나카 고이치** • 122
공부법 ⑧ 무엇이든 끈기 있게 하기 • 136

부록 공부의 즐거움을 알려 주는 명언 • 138

집중력이 중요해

어려운 현실과 가난을 극복한
마리 퀴리

마리 퀴리(Curie, Marie 1867~1934)
폴란드의 물리학자이자 화학자. 방사성 원소인 '폴로늄'과 '라듐'을 발견했다. 이러한 공로로 여성으로서는 처음으로 두 번의 노벨상을 받았으며, 프랑스 소르본 대학교 최초의 여성 교수가 되기도 했다. 그러나 방사능 실험을 오랫동안 해 온 탓에 방사능 후유증과 백혈병으로 세상을 떠나고 말았다. 마리 퀴리의 딸과 사위 역시 인공 방사능을 발견해 1935년 노벨 화학상을 공동 수상했다.

눈보라가 몰아치는 어느 추운 겨울날이었어요. 허름한 아파트 4층에 살고 있는 피에르 아저씨는 내린 눈이 얼마나 쌓였는지 살피기 위해 현관을 나섰지요. 그런데 현관 계단에 어떤 아가씨가 쓰러져 있는 것이 아니겠어요? 놀란 아저씨는 얼른 뛰어가 아가씨를 흔들어 깨웠어요.

"이봐요, 이봐요. 아가씨! 정신을 차려 봐요!"

하지만 아가씨는 꼼짝도 하지 않았어요. 다급한 아저씨의 목소리에 놀라 아파트의 다른 사람들도 하나둘 문을 열고 현관으로 나왔어요.

"이 아가씨는 꼭대기 층에 사는 마리 학생이 아닌가?"

"그러네요. 소르본 대학교에 다니는 학생이잖아요."

"그런데 어쩌다가 여기서 정신을 잃었을까요? 혼자 산다고 들었는데……. 이런, 온몸이 차요."

사람들은 걱정스러운 눈길로 마리를 보며 말했어요.

"아무래도 안 되겠군. 우선 집으로 옮기고 의사를 불러야겠소."

피에르 아저씨는 우선 마리를 자신의 집으로 옮겼어요. 의사가 도착하고 나서야 마리는 정신을 차렸지요.

"이것 봐요, 아가씨. 그동안 제대로 먹기는 한 거예요?"

의사는 답답하다는 듯 마리에게 물었어요.

"네, 조금은요. 그런데 왜 제가 여기 있는 거예요?"

"계단에 쓰러져 있던 마리 씨를 우리 남편이 업어 왔어요. 아니, 어쩌다 정신을 잃고 쓰러진 거예요?"

피에르 아주머니는 딱하다는 듯 마리를 보며 말했어요.

"영양실조입니다. 학생이라고 들었는데 공부를 열심히 하려면 무엇보다 잘 먹어야지요. 공부하느라 집에서 앉아만 있지 말고 바깥에 나가 햇볕도 쬐어요. 얼굴이 너무 창백하잖아요."

의사는 마리에게 이런저런 처방을 해 주었어요.

"그래요. 의사 선생님 말씀 들어요. 아무래도 마리 씨가 너무 무리한 것 같네. 여기 따뜻한 수프예요. 이거라도 들어 봐요."

피에르 아주머니는 마리에게 야채수프를 가져다주었어요. 따스한 수프는 냄새가 아주 고소했어요. 마리는 수프를 맛있게 다 먹고 피에르 부부에게 감사 인사를 했어요. 그러고서는 아파트 꼭대기에 있는 자신의 집으로 돌아왔답니다.

집 안의 공기는 바깥과 별 차이가 없을 정도로 냉랭했어요. 마리가 생활비를 아끼느라 난로를 피지 않았기 때문이었어요. 게다가 화학 문제 푸는 데 몰두해 전에 사 놓았던 앵두 몇 개 말고는 사흘 동안 거의 먹지도 않았답니다. 그러다 보니 가정 교사로 일하던 집을 다녀오는 길에 정신을 잃고 쓰러진 것이었지요.

여전히 몸이 으슬으슬 떨리긴 했지만 피에르 아주머니가 끓여 주신 수프를 먹고 기운이 생긴 마리는 침대에 누워 이불을 뒤집어쓴 채 다시 두꺼운 화학 책을 읽기 시작했어요.

창밖으로 눈보라는 더욱 거세졌어요. 방 안의 기온도 자꾸 낮아져 마리가 거센 숨을 내쉬면 입김이 하얗게 보일 정도가 되었지요. 하지만 마리는 아픈 것도, 추운 것도 모두 잊은 채 화학 문제 풀기에 다시 푹 빠졌어요.

'아하, 이거였구나! 역시 화학 공부는 재미있고 신기해!'

손가락이 얼어붙어 글씨가 삐뚤빼뚤해졌지만 그런 것은 아무래도 상관없었어요. 이렇게 프랑스의 수도 파리에서 지내며 대학에서 공부할 수 있다는 것만으로도 마리는 너무나 행복했거든요.

마리 퀴리는 동유럽 북부에 위치한 나라 폴란드에서 태어났어요. 마리의 아버지는 중학교 물리 선생님이었어요. 덕분에 마리는 어렸을 때부터 여러 가지 물리 실험 기구들을 장난감 삼아 놀았지요. 그러면서 자연스럽게 과학 지식을 익혔어요. 그뿐만 아니라 글도 언니들보다 빨리 익혔고, 수학에도 뛰어난 능력을 보였어요. 부모님은 딸의 이런 재능을 잘 알았지만 마리가 너무 공부에만 빠질까 봐 일부러 친구들과 놀게 했다고 해요.

그런데 당시 폴란드는 러시아의 지배 아래에 놓여 있어 폴란드어를 마음대로 읽거나 쓸 수가 없었어요. 학교에서는 폴란드 학생들에게 러시아어를 가르쳤고, 러시아 역사도 반드시 공부해야 했어요. 러시아 장학관이 학교에 갑자기 들이닥쳐 혹시 폴란드어로 수업을 하는 것은 아닌지 감시를 하는 일도 많았지요.

마리가 다니는 학교에서는 폴란드어를 몰래 가르쳤어요. 그러다 러시아 장학관이 왔다는 신호가 오면 모두 러시아 역사책을 펴놓고 공부하는 척했지요. 러사아 장학관은 때로는 교실에 들어와 학생들에게 러시아의 역사에 대해 물어보았어요. 그러면 언제든 마리가 대답을 했답니다. 마리는 러시아 역사 지식은 물론 러시아어 실력도 학교 전체를 통틀어 가장 뛰어났거든요.
　그날도 교실로 갑자기 들이닥친 러시아 장학관 때문에 선생님과 학생들은 모두 긴장해 있었어요.
　"학생 한 사람을 지명해 주게."
　러시아 장학관이 말하자 선생님은 마리에게 눈짓을 했어요.

"예카테리나 2세 다음으로 신성한 러시아를 통치하던 차르(제정 러시아 황제)의 이름은 무엇인가?"

"파벨 1세, 알렉산드르 1세, 니콜라이 1세, 알렉산드르 2세……."

마리는 또박또박 대답을 이어 나갔어요. 장학관은 만족스러운 미소를 지었지요.

"그러면 우리를 통치하는 분은 누구지?"

마리는 갑자기 말문이 막혔어요. 러시아의 지배를 받고 있는 조국 폴란드의 현실이 너무도 가슴 아팠거든요. 그러자 장학관은 탁자를 쾅쾅 두드리며 윽박질렀어요.

"지금 우리를 통치하는 분 말이다, 지금!"

마리는 얼굴이 창백해져 더듬거리며 대답했어요.

"알렉산드르 2세 폐하."

마리가 작게 대답했어요. 그제야 러시아 장학관은 웃으며 교실을 나갔지요. 선생님과 학생들은 놀란 가슴을 쓸어내렸어요.

마리는 이러한 조국의 현실을 극복하기 위해서라도 더욱 열심히 공부해야겠다고 마음먹었어요. 그러나 집안 형편은 날로 기울어만 갔어요. 학교를 졸업한 마리와 마리의 언니 브로냐는 모두 대학에 가고 싶었지만 부모님의 힘을 조금이라도 덜기 위해 일자리를 구해야만 했어요. 제일 자신 있었던 것이 공부였던 마리는 가정 교사 일을 얻었지요.

그러던 어느 날, 마리는 지금까지 모은 돈으로 언니 브로냐를 프랑스 파리로 유학 보내기로 결정했어요. 그리고 자신은 남아 계속 학비를 벌기로 했지요. 이렇게 언니가 먼저 학교를 다니고, 졸업한 다음에는 언니가 돈을 벌어 마리를 공부시켜 주기로 서로 약속을 한 것이었어요.

"고마워, 마리. 내가 먼저 떠나서 미안해. 의학부를 마치자마자 네게 연락할게."

언니 브로냐가 떠나고 마리는 계속 가정 교사로 일하면서 생활비와 언니의 학비를 벌었어요. 그렇게 5년이 지났을 때 드디어 언니 브로냐에게서 기다리고 기다리던 연락이 왔지요.

"마리, 내가 의사 시험을 통과했어. 그러니 얼른 파리로 와. 이제 내가 너를 뒷바라지 할게."

마리는 파리행 기차에 몸을 실었어요. 비록 냄새나고 낡은 4등칸이었지만 마리는 구름 위를 걷는 기분이었어요.

파리에서도 마리는 가정 교사 일을 계속했어요. 고향에 계신 아버지의 생활비를 벌어야 했거든요. 언니 브로냐가 도와주기는 했지만 비싼 학비와 아버지의 생활비까지 감당하려면 몸이 열 개라도 모자랄 정도였어요.

마리는 교통비를 아끼기 위해 아무리 궂은 날씨에도 늘 걸어 다녔어요. 또 생활비를 조금이라도 아끼려고 겨울에는 난방을 하지 않았고, 일 년 내내 같은 옷만 입고 다녔지요. 그러나 마리의 친구들은 이런 모습을 그리 좋게 보지 않았어요.

"마리. 우리 오늘 소피네 집에서 파티할 건데, 너도 올래?"

"아냐. 학교 끝나면 바로 일하러 가야 해."

"일 마치고 와. 기다릴게."

"미안해. 일 끝나면 가서 화학 실험을 마무리해야 할 것 같아."

"오늘도? 공부도 좋지만 단 한 번뿐인 젊음인데 좀 즐기면서 살면 안 되니?"

친구들은 딱하다는 듯 인상을 찌푸렸어요. 하지만 마리는 친구들과 놀기보다는 물리 책을 보는 것이 더 좋았어요. 또 파티보다는 화학 실험실에서의 연구가 더 흥미진진했지요.

이처럼 힘든 시기를 보내면서도 마리는 흔들리지 않고 자신의 목표를 하나하나 달성해 나갔어요.

그래서 1893년에는 물리학 학사 학위를, 이듬해에는 수학 박사 학위를 받았어요. 또 당시 대학에서 천재로 불리던 피에르 퀴리와 사랑에 빠져 결혼도 하게 되었어요.

피에르는 마리에게 청혼하면서 이렇게 말했어요.

"우리 둘 마음속에 같은 꿈을 꿀 수 있다면 얼마나 멋진 일이겠소? 조국을 아끼는 마음과 인류를 생각하고 과학을 사랑하는 꿈 말이오."

"피에르, 이미 우리 둘의 꿈은 같아요."

마리는 고개를 끄덕이며 기쁜 마음으로 청혼을 받아들였어요.

피에르 역시 공부에 대해서라면 마리 못지않았지요. 결혼한 다음에도 두 사람은 남들처럼 놀러 다니거나 여가를 즐기는 일이 없었어요. 대신 허름한 실험실에서 온종일 실험에 몰두하거나 새벽까지 서재에서 책을 읽곤 했지요.

"이런, 벌써 먼동이 트는군. 가만 그러고 보니 우리 어제 저녁도 거르지 않았소?"

어느 날 새벽 피에르가 실험을 하다가 갑자기 생각난 듯 말했어요.

"그러네요. 그 말을 들으니 갑자기 배가 고파져요."

충혈된 눈으로 대답하는 아내 마리를 본 피에르는 미안한 마음이 들었어요.

"여보, 괜히 나와 결혼해 고생이 너무 많은 것 아니오?"

"무슨 소리예요. 저는 실험하는 게 정말 재미있어요. 실

험 결과를 기다릴 때면 어느 때보다 행복한 걸요."

마리의 말에 피에르는 그저 말없이 웃을 뿐이었어요.

그러던 어느 날이었어요. 마리가 피에르에게 말했어요.

"여보, 우라늄에서 발견되는 특성이 다른 물질에서도 발견되는 것 같아요. 아무래도 우라늄보다 훨씬 강한 빛을 뿜어내는 뭔가 새로운 물질이 있는 게 분명해요."

"당신도요? 나도 실험 결과를 봤어요. 안 그

래도 궁금해서 그 부분을 연구하려던 참이었는데……."

두 사람은 다시 실험에 매달렸어요. 그리고 발견한 새 방사성 원소에 조국 폴란드의 이름을 따서 '폴로늄'이라는 이름을 붙였어요. 그로부터 몇 년 뒤, 둘은 더욱 강한 방사성 원소 '라듐'을 발견하는 데에도 성공했답니다.

"성공이오! 이 라듐은 암을 정복하는 길을 열게 될 것이오. 그동안 고생 많았소."

피에르가 두 팔을 벌려 마리를 껴안았어요.

"아니에요. 당신 고생이 더 많았지요. 당신이 무척 자랑스러워요."

퀴리 부부는 이 공로를 인정받아 노벨 물리학상을 수상했어요.

그러나 마리의 남편 피에르는 마차에 치여 세상을 먼저 떠나고 말았어요. 마리는 남편의 뒤를 이어 소르본 대학교 최초의 여성 교수가 되었지요. 그리고 라듐에 대한 연구도 계속해 나갔어요. 마리는 이처럼 끊임없는 연구로 1911년에는 노벨 화학상을 받았어요.

마리는 평생 제대로 쉬지도 즐기지도 않고 오직 실험과 연구에만 매달렸어요. 그럴 수 있었던 것은 그 일에 집중할 때 어느 때보다 가장 행복했기 때문이었지요. 그 열정은 지금까지도 많은 사람들에게 모범이 되고 있답니다.

즐거운 일에 집중하기

마리는 공부와 연구에 집중할 때 가장 즐거웠어요. 뭔가 궁금증이 생기면 그것을 실험해서 알아냈고, 그러면 또다시 궁금증이 생겼어요. 이러한 궁금증과 배움의 반복 속에서 마리는 기쁨을 느꼈지요. 그래서 친구들이 여가를 즐길 때에도 홀로 연구에만 매달릴 수 있었어요.

또 마리는 공부와 연구를 할 때만큼은 어려운 가정 환경과 여성이라는 차별, 불행한 조국의 현실을 모두 잊었답니다. 마리가 공부에 그토록 집중한 이유가 이제 이해되지요?

함께 공부할 수 있는 사람을 찾아요

마리 퀴리는 어머니가 된 뒤에 딸에게도 자신과 같은 방법으로 공부하도록 했어요. 그리고 공부를 할 때는 주변 사람들의 역할이 중요하다고 강조했지요. 집에서 아버지는 가정 교사이자 인생 멘토 역할을 하도록 했어요. 또 배우자도

서로의 공부에 도움이 될 수 있는 사람을 찾으라고 했답니다. 퀴리의 이러한 방법은 지금도 퀴리 집안에서 지켜 내려오고 있는 공부법이에요.

관심 있는 일에 집중해요

공부는 자신이 관심 있는 분야를 하나하나 알아 나가는 데에서 시작해요. '식물의 한살이가 이렇구나!', '도형의 면적은 이렇게 구하는구나!', '세상에는 굉장히 많은 나라와 다양한 문화가 있구나!' 이렇게 말이에요.

어떤 일이든 집중해서 매달리면 정통하게 돼요. 당연히 성적도 올라가고, 일상생활에도 큰 도움이 되지요.

자신이 좋아하는 것을 꾸준히

오랫동안 꿈의 토대를 닦은
반기문

반기문(1944~)
유엔(국제 연합) 사무총장. 고등학생 때 미국에 가서 존 F. 케네디 대통령을 만난 일을 계기로 외교관의 꿈을 품게 되었다. 서울대학교 외교학과를 졸업하고 1970년에 외무 고시에 합격해 외교관이 되었다. 1985년에는 미국 하버드 대학교 행정학 석사를 받았으며 2004년부터 2006년까지 제33대 외교 통상부 장관을 지냈다. 2006년에는 유엔 사무총장에 당선되었다.

　봄볕이 따스한 5월이었어요. 충주 교현초등학교 1학년 교실에 남학생 한 명이 전학을 왔어요.
　"얘들아, 인사해라. 우리 반으로 전학 온 친구란다. 이름은 반기문이야. 기문이는 청주에서 살다 이곳으로 왔단다. 자, 어디 앉으면 좋을까? 그래, 기문이는 키가 크니까 석칠이 뒤에 가서 앉아라. 다들 새로 온 기문이에게 잘 대해 주어야 한다. 알았지?"
　"네!"
　그런데 아까부터 석칠이는 반기문의 얼굴을 뚫어지게 쳐다보고 있었어요. 그러고는 곧 반기문의 콧등에 있던 큰 점을 가리키며 이렇게 외쳤지요.
　"와, 파리똥이다!"
　그러자 교실은 온통 웃음바다가 되었어요.

"하하. 정말이네. 파리똥이야, 파리똥!"

"와, 웃긴다. 큭큭."

아이들은 책상을 두드리며 웃어 댔어요. 전학을 와서 낯설고 어색한데 친구들이 이렇게 놀려 대기까지 하니 반기문은 순간 눈물이 찔끔 났답니다. 석칠이에게 뭐라고 한마디 해 주고 싶었지만 마음이 여린 반기문은 아무 말도 하지 못했어요.

"친구를 놀리면 못쓴다. 자, 수업 시작하자. 다들 수학 책을 펴라!"

선생님이 교탁을 두드렸어요. 그제야 아이들의 웃음소리가 잦아들었지요.

"오늘은 두 자릿수 덧셈을 배울 거다. 두 자릿수 덧셈은 오늘 처음 배우지만 지금까지 배웠던 내용을 잘 떠올리면 어렵지 않으니 한번 해 보자. 자, 19 더하기 8은?"

아이들은 자신이 없는지 모두 고개를 숙이고는 아무도 답을 말하지 못했어요. 그때 뒷자리에 앉아 있던 반기문이 손을 번쩍 들었어요.

"그래, 기문이가 말해 볼래?"

"27입니다."

"와!"

교실 여기저기서 탄성이 터져 나왔어요. 두 자릿수 덧셈은 처음 배우는 것인데 반기문이 금방 맞추니 신기했던 거예요.

"그래, 잘 맞췄다. 기문이가 수학을 아주 잘 하는구나? 그럼 조금 더 어려운 문제를 내 볼까? 27 더하기 16은?"

"43입니다."

반기문은 거침없이 대답했어요. 순간 교실이 조용해졌지요.

아이들은 반기문을 쳐다보며 소곤거렸어요.

"어머, 쟤 공부를 잘하나 봐."

"와, 똑똑하다. 이제부터 기문이랑 수학 공부 같이 해야지."

아이들은 수업 시간 내내 반기문을 힐끗거렸어요. 그렇게 수업이 끝나고 난 다음에는 반기문에게 파리똥이라고 놀리는 아이는 단 한 명도 없었지요.

"넌 어쩜 그렇게 공부를 잘하니? 혹시 과외 받아?"

수업이 끝나고 집으로 가는 길에 반장인 성윤이가 물었어요.

"과외? 학원 같은 데 다니느냐는 얘기야? 우리 집 형편은 내가 학원을 갈 정도는 안 돼. 그냥 난 공부하는 게 다른 것보다 재미있어."

"공부가 재미있다고? 와, 너 정말 대단하다. 공부가 재미있다는 애는 처음 봐."

성윤이는 고개를 절레절레 저었어요. 키 큰 사람은 싱겁다는 말과는 다르게 성윤이는 기문이가 키는 커도 싱겁지 않은 사람으로 느껴졌어요.

이렇게 공부를 좋아했던 반기문은 교현초등학교를 우수한 성적으로 졸업했어요. 그리고 충주중학교에 가기 위한

입학시험을 치렀답니다. 그때는 중학교에 가려면 시험을 쳐서 합격을 해야만 했어요. 특히 충주중학교는 충청북도의 우수한 아이들이 모두 지원했기 때문에 합격이 쉽지 않았지요. 하지만 반기문은 역시 높은 점수로 충주중학교에 입학했어요.

중학교에 입학한 반기문은 드디어 영어를 접하게 되었답니다.

'이게 미국인들의 언어구나. 다른 과목보다 더 재미있는 걸. 영어를 잘하게 되어서 미국의 친구들과 편하게 이야기할 수 있다면 정말 좋겠다.'

영어 공부를 시작한 반기문은 처음에는 낯선 영어 단어들을 익히느라 진땀을 뺐지만 조금씩 실력이 늘기 시작했어요. 반기문은 또한 매우 적극적이었답니다. 길을 가다가도 외국인을 만나면 한마디라도 꼭 인사를 건넸고, 더듬거리더라도 어떻게든 대화를 시도해 보려고 했지요.

"어? 저기 외국인이다!"

학교를 마치고 집으로 돌아가는 길이었어요. 지나가던 외국인을 보고는 반기문의 친구가 소리쳤지요.

"너 저 사람한테 가서 또 인사하려고 그러는 거지? 그럼

나 먼저 간다."

"왜? 너도 같이 가서 이야기해 보자. 재밌다니까!"

"재미있으면 너나 많이 해. 난 외국인만 보면 오금이 저려서 서 있지를 못하겠어."

친구는 손을 내저으며 가 버렸어요. 하지만 반기문은 자신 있게 외국인에게 다가가 인사를 건넸지요.

"Where are you from?"

"I'm from America."

이렇게 이야기를 나누다 보면 새로운 단어도 배울 수 있었고, 무엇보다 영어에 대한 자신감이 생겼어요. 어느덧 반기문은 전교에서 영어를 가장 잘하는 학생이 되었지요.

하지만 반기문의 반에는 영어 수업을 싫어하는 아이들이 많았어요. 영어 선생님이 그날 수업 시간에 배운 영어 단어와 문장을 스무 번씩 써 오라는 숙제를 매일 내주었거든요.

"아, 또 스무 번이에요? 스무 번은 너무 많아요. 오늘은 열 번만 쓰면 안 돼요?"

아이들이 투덜거렸지만 영어 선생님은 엄한 얼굴로 단호히게 말했어요.

"안 돼. 스무 번은 써야 입에 익는단다. 쓸 때에는 입으로 꼭 크게 읽으면서 쓰는 거 잊지 마라."

하지만 아이들은 읽기는커녕 영어 수업 시간이 되기 바로 전에야 대충대충 써서 숙제를 제출하곤 했어요. 하지만 반기문은 달랐어요. 영어 수업이 있는 날이면 집에 돌아오자마자 영어 숙제를 시작했지요. 그렇게 성의 있게 숙제를 하다 보니 영어 단어와 문장에 금세 익숙해졌어요.

고등학교 때 반기문은 충주의 비료 공장에서 일하는 미국인의 집까지 찾아가 영어로 이야기를 나누기도 했어요. 꽤 먼 곳이었지만 반기문은 가는 게 귀찮지 않았어요. 돌아오는 길에는 그날 배운 영어 회화를 중얼거리며 다시 연습했지요.

"너는 정말 영어를 좋아하는구나? 난 이제 슬슬 지겨워지려 하는데……. 그러다 너 혹시 나중에 미국에 가서 사는 거 아냐?"

같이 영어를 배우러 다니는 친구는 반기문의 이러한 열정에 혀를 내두르며 말했어요.

"와, 미국에서 산다고? 그것도 좋겠다. 우리 나중에 꼭 그렇게 하자."

"정말 그럴 수 있을까? 여기가 서울도 아니고, 이렇게 작은 지방의 우리한테 설마 그런 기회가 오겠니?"

친구는 말도 안 된다는 표정을 지었어요.

"그래도 꿈을 가지면 이루어진다잖아. 그 꿈을 믿고 더욱 열심히 공부하는 거야!"

반기문은 친구에게 이렇게 용기를 주었어요.

영어에 재미를 붙이자 반기문은 이제 교과서가 아닌 진짜 영어 책이 읽어 보고 싶어졌어요. 하지만 지방의 작은 도시인 충주에서는 영어 책을 구하기가 쉽지 않았어요. 그러나 시내 헌책방에 가면 영어 잡지를 몇 권 정도는 구할 수 있었어요. 반기문은 용돈을 몽땅 털어 영어 잡지 한두 권을 사서 혼자 읽곤 했지요.

'이게 무슨 뜻이지? 단어를 알아도 해석이 안 되네.'

반기문은 주말이면 혼자 방 안에서 영어 잡지와 씨름을 했어요. 교과서와는 달리 영어 잡지에는 지구촌이 돌아가는 이야기가 실려 있었어요. 그래서 영어 잡지는 영어 실력을 길러 주는 것은 물론 국제 사회의 변화도 자연스럽게 익히게 해 주었지요. 그렇게 영어 공부를 하면서 지내던 반기문이 고등학교 3학년에 올라갈 즈음이었어요.

"기문아, 미국에서 세계 각국 청소년들을 초청하는 프로그램이 열린다는 데 한번 참가해 볼래?"

"네? 미국이요?"

반기문은 너무 놀라 제대로 대답조차 할 수 없었어요. 혼자 늦은 밤까지 영어 공부를 할 때면 늘 미국에 한 번만이라도 가 보았으면 하는 상상을 했지만 실제로 그런 기회가 오리라고는 예상하지 못했거든요.

"서울에서 열리는 영어 대회에 입상

하면 자격이 주어진단다. 물론 네 실력이면 당연히 상을 탈 수 있을 거야."

"네, 선생님. 열심히 해 볼게요!"

서울에서 열린 영어 대회에서 반기문은 1등을 차지했어요. 곧 반기문은 다른 남학생 한 명, 여학생 두 명과 함께 장학생으로 선발되어 고등학교 3학년 여름 방학에 미국으로 떠났지요. 반기문은 세계 각국에서 참가한 청소년들과 함께 미국의 한 가정에서 지내며 봉사 활동도 하고 여행도 했어요.

그리고 무엇보다 반기문에게 의미 있었던 것은 백악관을 찾아가 당시 미국의 대통령이었던 케네디 대통령을 만난 것이었어요.

"미국에 온 것을 환영합니다. 여러분은 미래를 이끌 일꾼

들입니다. 여러분 모두 각자의 나라를 발전시키기 위해 힘 쓰세요."

케네디 대통령의 연설이 끝나자 그 자리에 모인 아이들은 환호성을 질렀어요. 케네디 대통령과 서로 악수를 하려고 아이들 사이에서는 북새통이 벌어졌지요. 반기문도 케네디 대통령과 악수를 해 보고 싶었지만 아이들이 너무 많아 쉽지 않았어요.

그런데 기적 같은 일이 일어났어요. 멀리 있던 케네디 대통령이 반기문에게 직접 다가와 이렇게 물은 거예요.

"네 장래 희망은 뭐니?"

반기문은 잠시 당황했지만 당당하게 대답했어요.

"네, 외교관이 되어 대한민국을 널리 알리는 것입니다."

"훌륭하군요."

케네디 대통령은 미소를 지으며 한쪽 눈을 찡긋했어요. 반기문은 너무나 기뻐 가슴이 터질 것만 같았어요. 그리고 막연하게 생각해 왔던 자신의 꿈이 확실해지는 것을 느꼈지요.

'그래, 나는 외교관이 될 거야. 세계를 누비며 우리나라를 위해 일할 거야.'

그렇게 주먹을 불끈 쥐며 마음을 다잡고 반기문은 다시 집으로 돌아왔답니다. 그리고 자신의 꿈을 이루기 위해 서울대학교 외교학과에 들어갔어요. 부모님은 의대에 진학해 의사가 되기를 바랬지만 반기문은 자신의 꿈을 부모님께 말씀드리고는 설득했지요.

그렇게 자신의 꿈에 한 발짝 더 다가간 반기문은 대학을 졸업하고 외무 고시에 거뜬히 합격했어요. 드디어 꿈에 그리던 외교부에서 일하게 된 것이었어요. 반기문은 자신의 꿈을 이루게 되어 기뻤지만 그렇다고 안심하고 공부를 놓지는 않았어요. 늘 하던 공부는 계속 이어졌지요.

외교부에서 일하던 반기문은 그 뒤 미국 뉴욕 유엔 본부에서 일하게 되었어요. 그곳에서 일하는 사람들은 모두 영어를 썼지요. 오랜 시간 영어를 익혀 온 반기문 역시 그곳에서 불편함 없이 영어로 업무를 잘 처리했어요. 하지만 시간이 지날수록 다른 언어가 필요하다는 것을 느끼게 되었어요.

'영어만으로는 안 되겠어. 외교관이라면 세계 정치와 비즈니스에서 중요한 여러 언어들에 능숙해야 해.'

유럽의 외교관들은 대부분 모국어와 영어를 기본으로

하고, 다른 한두 개의 언어를 쓸 수 있었어요. 유럽의 나라들은 문자가 서로 비슷해 그리 많은 시간을 들이지 않아도 두세 개의 언어 정도는 쉽게 익힐 수 있거든요.

반대로 아시아 사람으로서 영어 외에 서양의 다른 언어를 배우는 것은 쉽지 않답니다. 하지만 반기문은 이번에는 프랑스어에 도전하기로 했어요. 프랑스어는 외교 무대에서 영어 다음으로 많이 쓰이기 때문이었어요. 반기문은 바쁜 외교 업무 속에서도 짬짬이 시간을 내어 프랑스어를 공부했지요.

이렇게 갈고닦은 프랑스어 실력은 나중에 반기문이 유엔 사무총장으로 선출되는 데 큰 도움을 주었답니다. 유엔 사무총장은 전쟁과 빈곤, 자연 재해 등 복잡한 세계 문제들을 중재하고 해결하는 역할을 하는 사람으로 '세계의 대통령'으로 불려요.

유엔 사무총장은 15개의 나라가 함께 결정하는데 그중 미국, 영국, 중국, 러시아, 프랑스가 상임 이사국이에요. 이 다섯 나라 중 한 나라만 반대해도 유엔 사무총장이 될 수 없지요. 하지만 상임 이사국의 다른 나라는 물론이고 자기 나라와 문화에 대한 자부심이 높기로 유명한 프랑스도 반기문을 유엔 사무총장으로 뽑기를 주저하지 않았답니다.
 자신이 좋아하는 일을 찾고 그것을 오랫동안 열심히 하는 것, 그것이 바로 반기문이 꿈을 이룰 수 있었던 비법이 아니었을까요?

꾸준히 오래 공부하기

좋아하는 일을 일단 찾았으면 오랫동안 묵묵히 하는 것, 이것이 반기문의 공부법이에요. 반기문은 영어가 좋아 영어 공부를 열심히 하기 시작했는데 함께 시작한 다른 친구들이 영어에 슬슬 질려 할 때에도 흥미를 놓지 않고 끊임없이 공부했어요.

또한 그 공부를 더 잘할 수 있는 방법을 스스로 찾아내기도 했어요. 외국인을 만나면 영어로 이야기하거나 영어 잡지를 읽는 등 학교 공부 외에도 다양한 방법을 시도하면서 공부에 대한 흥미를 잃지 않도록 한 거예요.

공부하는 방법을 스스로 결정해요

자신이 좋아하는 공부가 있다면 그 과목의 공부법을 스스로 결정해 보세요. 흔히 말하는 자기 주도 학습법이 바로 이것이랍니다. 수학은 이렇게 공부하고, 국어는 저렇게 공부하라는 주변의 말과는 상관없이 자기만의 공부법을 찾아보세요. 이렇게 하면 공부의 능률도 오르고 공부가 더욱 즐거워진답니다.

좋아하는 일이라면 꾸준히 해 봐요

반기문은 영어를 좋아해 꾸준히 공부했어요. 꾸준히 영어를 공부하다 보니 어느새 실력이 붙어 미국에 가고, 케네디 대통령을 만나는 기회도 얻을 수 있었어요. 그리고 결국 유엔 사무총장의 자리에까지 올랐지요. 여러분도 좋아하는 일이 있다면 뭐든 꾸준히 해 보세요. 계속하다 보면 분명 길이 열리고, 마침내 꿈이 이루어진답니다.

반복에서 오는 깨달음

알 때까지 반복 또 반복했던
세종 대왕

세종 대왕(1397~1450)
조선의 네 번째 임금. 태종의 세 아들 중 막내로 태어났다. 왕위에 오른 뒤 32년 간 나라를 다스리면서 유교 정치의 기틀을 확립하고, 각종 제도를 정비해 조선 왕조의 기반을 다졌다. 또 한글을 창제하고 과학 기술을 크게 발전시켰으며, 나라 땅도 넓혔다. 이러한 업적으로 세종은 우리나라 역대 왕 중 가장 위대하다는 평가를 받는다. 성품 또한 어질고 현명해 모든 백성들에게 모범이 된 왕이었다.

조선 시대 태종에게는 세 아들이 있었어요. 첫째는 양녕군, 둘째는 효령군, 그리고 셋째가 바로 나중에 세종 대왕이 된 충녕군이었지요. 세 아들 중에서 충녕군은 특히 성품이 어질고 지혜로웠어요. 또 어렸을 때부터 책 읽기를 좋아해 한번 책을 펼치면 해가 뜨는지 지는지도 모를 정도로 열심히 읽었지요.

궁궐 안에서는 이렇게 책 읽기에 열중하는 충녕군을 보고 모두 입을 모아 칭찬했어요.

"충녕군은 정말 대단하셔. 어제도 밤늦도록 방에 불이 꺼지지 않았다니까!"

"그러게 말이야. 저토록 학문을 열심히 닦으시는 충녕군이 나중에 임금이 되면 정말 좋을 거야."

이러한 마음은 아버지인 태종도 마찬가지였어요.

"네가 책 읽기를 그리 즐겨 한다니 내 마음이 아주 기쁘구나."

"아니옵니다, 아바마마. 소자가 아직 배워야 할 것이 많은데, 하루해가 짧아 안타까울 따름입니다."

"허허, 겸손하기까지……. 대신들 사이에서 네 학문의 깊이가 보통이 아니라고 칭찬이 자자하더구나."

"소자, 더욱 학문에 정진하겠습니다."

충녕군은 조용히 고개를 숙이고 나와 자신의 방으로 돌아왔어요. 방에는 충녕군이 읽고 있던 문집이 놓여 있었지요. 그것은 당나라 사람인 한유의 책이었어요.

"한유의 글은 너무 어려워 그 의미를 알기가 힘들구나. 도대체 몇 번을 더 읽어야 뜻을 다 헤아릴 수 있을지……."

충녕군은 이렇게 중얼거렸어요.

어느덧 해가 지고 방 안에는 어둠이 밀려왔어요. 수발을 드는 나인이 방으로 들어와 불을 밝혔어요.

"벌써 해가 기울었는가? 시간이 이리 지난 줄도 몰랐네."

"마마. 아직도 그 책을 읽고 계십니까? 어제도 밤늦도록 그 책을 읽지 않으셨습니까? 오늘은 그만 일찍 자리에 드시지요."

"이것만 마저 읽겠네. 잠자리에 누워도 이해하지 못한 내용이 자꾸 머릿속에서 어른거려 잠이 오지 않으니 차라리 앉아서 책을 읽는 것이 마음 편하다네."

충녕군은 빙긋 웃으며 이렇게 말했어요.

그렇게 며칠 동안 한유의 책만 붙들고 읽던 충녕군은 어느 순간 무릎을 치면서 외쳤어요.

"아, 그렇구나. 바로 이런 뜻이었구나. 이제야 그 뜻을 깨닫다니, 나는 왜 이렇게도 아둔한가!"

비로소 충녕군의 얼굴이 환해졌어요. 한유의 책을 얼마나 많이 읽었던지 어느새 책장이 너덜너덜해져 있었지요.

그런데 며칠 지나지 않아 충녕군은 그만 자리에 눕고 말았어요. 어려서부터 몸이 약했던 데다 매일매일 공부에 그토록 몰두하다 보니 몸이 상한 것이었지요.

"그것 보십시오. 몸을 생각하지 않고 그렇게 온종일 책만 읽으니 탈이 나는 것 아닙니까. 부디 공부는 잠시 접어 두고 건강을 먼저 생각하세요."

어머니인 원경 왕후가 걱정스러운 목소리로 말했어요.

"네, 어마마마. 이제는 무리하지 않을 것이니 너무 걱정 마십시오. 그런데 이렇게 누워만 있으려니 너무 답답하니다. 오래전에 읽었던 《시경》이라도 쉬엄쉬엄 읽었으면 합니다."

"뭐라고요? 이렇게 몸져누워서 또 책을 읽겠단 말입니까? 절대 그렇게는 못합니다."

원경 왕후가 눈물까지 보이며 말리자 충녕군도 더 이상은 말하지 못했어요.

아버지 태종도 충녕군이 몸져누웠다는 소식을 들었어요. 태종은 서연관에게 당장 방 안에 있는 책을 모조리 가지고 나오라고 일렀어요. 충녕군이 모처럼 푹 쉴 수 있도록 어명을 내린 것이었지요.

"마마, 방 안의 책을 모두 거두어 내라는 어명입니다. 어서 내주시지요."

서연관이 말하자 충녕군은 어쩔 수 없이 책을 모두 내주었어요. 하지만 그렇게 며칠이 지나 몸이 좀 나아지자 도무지 좀이 쑤셔서 견딜 수가 없었지요.

'이럴 줄 알았으면 몇 권이라도 빼고 내놓을 것을……. 아, 어디에 남은 책이라도 없을까? 책을 읽지 못하니 견딜 수가 없구나.'

충녕군은 방 안을 샅샅이 뒤지기 시작했어요. 혹시라도

서연관이 남겨 두고 간 책이 있지 않을까 하는 기대를 하면서요. 그러다가 마침내 병풍 사이에 끼어 있는 책 한 권을 발견했어요.
"찾았다! 찾았어. 하하. 여기 한 권이 남아 있었군."
충녕군은 너무 기뻐서 눈물이 날 정도였어요. 그 책은 송나라 때 문장가였던 구양수와 소식이 주고받았던 편지글을 모

아 엮은 《구소수간》이라는 책이었어요.

"휴, 다행이다. 책이란 자고로 읽고 또 읽어야 제맛이지."

충녕군은 누워서 몸을 추스르는 동안에도 그 책을 읽고 또 읽기를 반복했어요.

충녕군의 이런 책과 학문에 대한 사랑은 나중에 임금이 된 다음에도 변하지 않았어요. 백성들을 잘 다스리기 위해서는 공부에 더욱 힘을 쏟아야 한다고 생각했거든요. 태종의 뒤를 이어 왕위에 오른 세종은 대신들에게 이렇게 말했어요.

"짐은 의논하는 정치를 하겠노라!"

이 말은 나라의 모든 것을 신하들과 상의해서 결정하겠다는 뜻이었지요.

세종의 이런 생각은 경연이라는 것을 통해 드러났어요. 경연은 학문과 인품이 뛰어난 신하와 임금이 모여 유학을 함께 토론하는 거예요. 나라의 최고 국정 회의이니만큼 경연이 열리려면 임금도 신하들도 공부를 많이 해야 했지요. 그래서 부지런하지 않거나 학문에 뜻이 없었던 임금들은 경연을 열지 않거나, 하더라도 대충대충 넘어가곤 했대요.

하지만 세종은 달랐어요. 매월 6~7번의 경연을 열어 학자들과 함께 열띤 토론을 거듭했어요. 세종은 이 토론을 통해 어떻게 나라를 다스리는 것이 옳은지, 어떻게 해야 백성들이 더 잘 살 수 있게 되는지 끊임없이 고민했답니다.

"지금 조선에는 과학 기술이 필요하오. 농사로 먹고사는 백성들을 도우려면 무엇보다 농사에 영향을 주는 기상과 천문 원리를 잘 정리해 두어야 하지 않겠소? 그런데 우리가 가진 것은 온통 중국의 책과 방법뿐이니 언제까지 중국에만 의존해야 한단 말이오? 우리도 하루빨리 과학 기술을 키워 농업을 발전시켜야 할 것이오."

"맞는 말씀이옵니다. 전하."

"그렇다면 우리 먼저 시계를 만들어 보는 것이 어떻소?"

"그러기 위해서는 실력 있는 기술자가 필요하옵니다. 전하, 전국에 수소문하여 신분에 관계없이 훌륭한 실력을 가진 기술자를 뽑는 것이 어떻사옵니까?"

이렇게 세종과 신하들은 토론에 열중했어요. 그러다 보면 경연 시간은 예정했던 것보다 훨씬 길어지고 말았지요.

"전하, 오늘은 이만하시지요. 시간이 많이 흘렀습니다. 경연도 좋지만 전하의 건강이 더욱 중요하옵니다."

"아니오. 조금만 더 합시다. 그럼 어떻게 인재를 길러 내는 것이 좋을지 경들의 생각을 말해 보시오."

"전하, 아니 되옵니다."

경연관이 손을 내저으며 세종을 말렸어요.

"휴, 알겠소. 더 이상 경연 시간을 넘기지 않겠다고 지난번 약속한 일도 있으니 오늘은 그만하겠소. 그럼 이것에 대해서는 다음에 더 토론하겠소."

세종은 아쉬운 표정으로 집현전을 나섰어요.

세종 스스로 그토록 공부를 좋아하고 손에서 책을 놓지 않다 보니 세종은 공부를 열심히 하는 신하들을 무척이나 아꼈어요. 그래서 고려 때부터 있던 학문 연구 기관인 집현전의 역할을 크게 키우고 인재를 불러 모아 공부할 수 있도록 했어요. 집현전의 학자로는 모두 10명이 뽑혔는데 성삼문, 정인지, 신숙주 등이 대표적인 인물이에요. 세종은 이 학자들에게 남다른 애정을 쏟았답니다.

그러던 어느 추운 겨울밤이었어요. 편전에서 늦게까지 업무를 보던 세종은 문득 환관을 불러 이렇게 말했지요.

"지금 집현전으로 가서 숙직하는 신하들이 있는지 보고 오너라."

잠시 뒤, 집현전에 다녀온 환관이 세종에게 알렸어요.

"전하, 신하 한 사람이 불을 켜 놓고 책을 읽고 있사옵니다."

"그가 누구더냐?"

"신숙주이옵니다."

"흠, 그렇다면 신숙주가 언제까지 책을 읽는지 살펴보고 와서 다시 알려 주거라."

이렇게 말한 세종은 잠자리에 들지 않고 평소 즐겨 읽던 《사기》를 펼쳤어요. 그렇게 얼마나

시간이 지났을까요? 새벽이 가까워질 무렵 환관이 문 밖에서 알려 왔어요.

"전하, 신숙주가 지금까지 책을 읽다가 막 책상에 엎드린 채 잠이 들었사옵니다."

"늦은 새벽까지 책을 읽다니 기특하구나. 그런데 이 추운 겨울에 감기라도 걸리지 않을지 걱정이구나."

그렇게 말한 세종은 곧 집현전으로 나섰어요. 세종은 신숙주가 깨지 않도록 조용히 자신이 입던 가죽 두루마기를 덮어 주었어요.

이튿날 아침, 신숙주는 자신이 임금의 두루마기를 덮고 잔 것을 알게 되었어요. 신숙주는 세종의 따뜻한 마음을 알아채고는 크게 감격했지요.

'전하의 뜻에 따라 더욱 공부에 매진하겠사옵니다.'

이 일은 곧 집현전 학자들에게 널리 알려졌어요. 그러자 모두들 한마음으로 더욱 학문에 몰두했답니다. 이들 집현전 학자들은 수많은 유교 경전과 역사서, 농업 서적, 과학 서적 등을 써냈어요. 또 세종과 함께 고유한 우리글 한글을 만들어 많은 백성들이 자신의 생각과 뜻을 글로 쓸 수 있도록 했지요.

어릴 때부터 책을 좋아했던 세종은 특히 책을 펴내는 일에 앞장섰어요. 많은 사람들이 자신처럼 책을 읽고 지혜롭게 살기를 바라는 마음 때문이었지요. 세종 때 나온 책으로는 고려 왕조의 역사를 정리한 《고려사》, 농사를 짓는 데 필요한 여러 기술과 지혜를 모은 《농사직설》, 사람의 도리를 가르치는 《효행록》, 사회의 질서를 지키는 세 가지 도리를 가르친 《삼강행실도》 등이 대표적이에요.

세종은 과학 기술의 발전에도 큰 업적을 남겼어요. 물시계와 해시계를 만들었고, 내리는 빗물의 양을 재는 측우기와 천체를 관측하는 기구인 혼천의, 그리고 통신 시설인 봉수대를 사용하는 봉수 제도도 만들었지요. 이 모든 것들은 한 번에 뚝딱 만들어진 것은 아니었어요. 좀 더 나은 기술을 위해 신하들과 함께 실험을 거듭하고 여러 책들을 참고하면서 마침내 완성해 낸 것이었지요.

그러나 이렇게 열정적으로 일하다 보니 세종의 몸은 편할 날이 없었어요. 54세의 이른 나이로 세상을 떠나기까지 세종은 여러 가지 질병에 시달렸다고 전해져요. 하루에 서너 시간밖에 잠을 자지 않을 정도로 나랏일에 매달리고 책에 몰두한 탓이었어요.

그러나 책을 아끼고 학문을 사랑했던 세종 대왕은 우리 문화를 완성시킨 뛰어나고 지혜로운 왕으로 지금도 사랑받고 있답니다.

공부법 ③

어려운 것을 반복하기

세종 대왕은 조선 시대 임금 중 가장 많은 업적을 남긴 위대한 왕이에요. 세종을 그토록 뛰어난 인물로 만든 것은 바로 책이었어요. 세종은 어릴 때부터 책을 좋아했는데, 책을 한 번 읽고 마는 것이 아니라 여러 번 되풀이해 읽었어요. 그러다 보면 자연스럽게 내용이 외워지는 것은 물론 그 안에 담겨진 의미와 어려워서 잘 이해되지 않던 내용들도 모두 알게 되었지요. 세종은 이런 반복 학습으로 차근차근 학문의 깊이를 넓혀 나갔답니다.

 책은 여러 번 반복해서 읽어 봐요

세종 대왕은 손에서 책을 놓지 않고, 읽고 또 읽었어요. 책을 읽으며 이해가 가지 않는 내용이 있을 때에는 백 번이라도 읽고, 백 번이라도 옮겨 적었지요. 그러다 보면 어느새 책의 내용을 다 깨치게 되었고 이해가 되지 않던 부분도 자연스럽게 그 의미를 파악하게 되었답니다.

🧑 어려운 문제도 반복해서 풀어 봐요

공부하다가 어려운 문제가 나오면 "이건 너무 어려워." 하고 금방 포기하지 마세요. 그 문제를 계속 반복해 풀어 보는 거예요. 만일 그게 수학 문제라면 두 번이고 세 번이고 풀어 보고, 공부했던 영어 단어를 잊어버렸다면 여러 번 다시 외워요. 이렇게 반복하면 신기하게도 어려웠던 문제나 공부가 쉬워진답니다. '낙숫물이 바위를 뚫는다.'는 속담이 있지요? 이처럼 반복의 힘은 엄청난 거예요.

세상의 이치를 찾는 즐거움

진짜 아는 것의 기쁨을 즐겼던
리처드 파인먼

리처드 파인먼(Feynman, Richard Phillips 1918~1988)
미국의 물리학자. 아인슈타인에 이어 최고의 과학자라고 평가받는다. 매사추세츠 대학교 공과 대학과 프린스턴 대학교에서 공부하고 1942년 박사 학위를 받았다. 제2차 세계대전 때 원자 폭탄 개발 계획인 '맨해튼 프로젝트'에 참여했고, 캘리포니아 대학교 공과 대학 교수를 지냈다. 형식적인 것을 거부하며 호기심과 열정, 인내심과 도전 정신으로 가득 찬 삶을 살았다.

"얘야, 이것 보렴. 이 공룡은 키가 무려 8미터야. 머리뼈의 지름만도 2미터나 되지."

아버지는 어린 파인먼을 무릎에 앉혀 놓고 《브리태니커 백과사전》을 읽어 주고 있었어요.

"키가 8미터나 된다고요?"

"그래, 만약 이 공룡이 우리 집 마당에 서 있다면 머리를 2층 창문으로도 들이밀 수 있을 거다. 하지만 머리가 크니까 창문이 모조리 부서지고 말 거야!"

"와! 그렇게 커요?"

"놀랍지?"

"무서워요!"

파인먼은 두 눈을 꼭 감았어요.

"너석, 걱정 마라. 공룡이 우리 집으로 찾아오진 않을 테

니……. 공룡은 먼 옛날 지구에서 모두 사라져 버렸단다. 멸종된 거야."

어릴 적 파인먼은 아버지와 함께 백과사전을 읽는 것이 무척 즐거웠어요. 아버지는 백과사전에 빼곡하게 담긴 지식들을 언제나 생생하게 풀어서 설명해 주었거든요. 덕분에 파인먼은 혼자서 책을 읽을 때면 자기만의 방법으로 상상하는 습관이 생겼답니다.

그러던 어느 날, 파인먼은 아버지와 함께 숲속으로 놀러 갔어요. 아버지는 숲에서 일어나는 여러 가지 재미난 일들을 파인먼에게 설명해 주었지요. 그때 마침 독특하게 생긴 새 한 마리가 숲 속을 날아가고 있었어요.

"아빠, 저 새 이름이 뭐예요?"

"흠, 저 새를 잘 관찰해 보렴. 새가 어떤 특징을 가지고 있는지 말이다."

파인먼은 꼼짝 않고 서서 새를 한참 동안이나 바라보았어요.

"짹짹거리며 우는 소리가 요란하고 움직임이 빨라요."

"그렇구나. 그러니까 저 새의 이름은 짹짹이가 틀림없어. 우리 아들이 관찰을 아주 잘하는걸?"

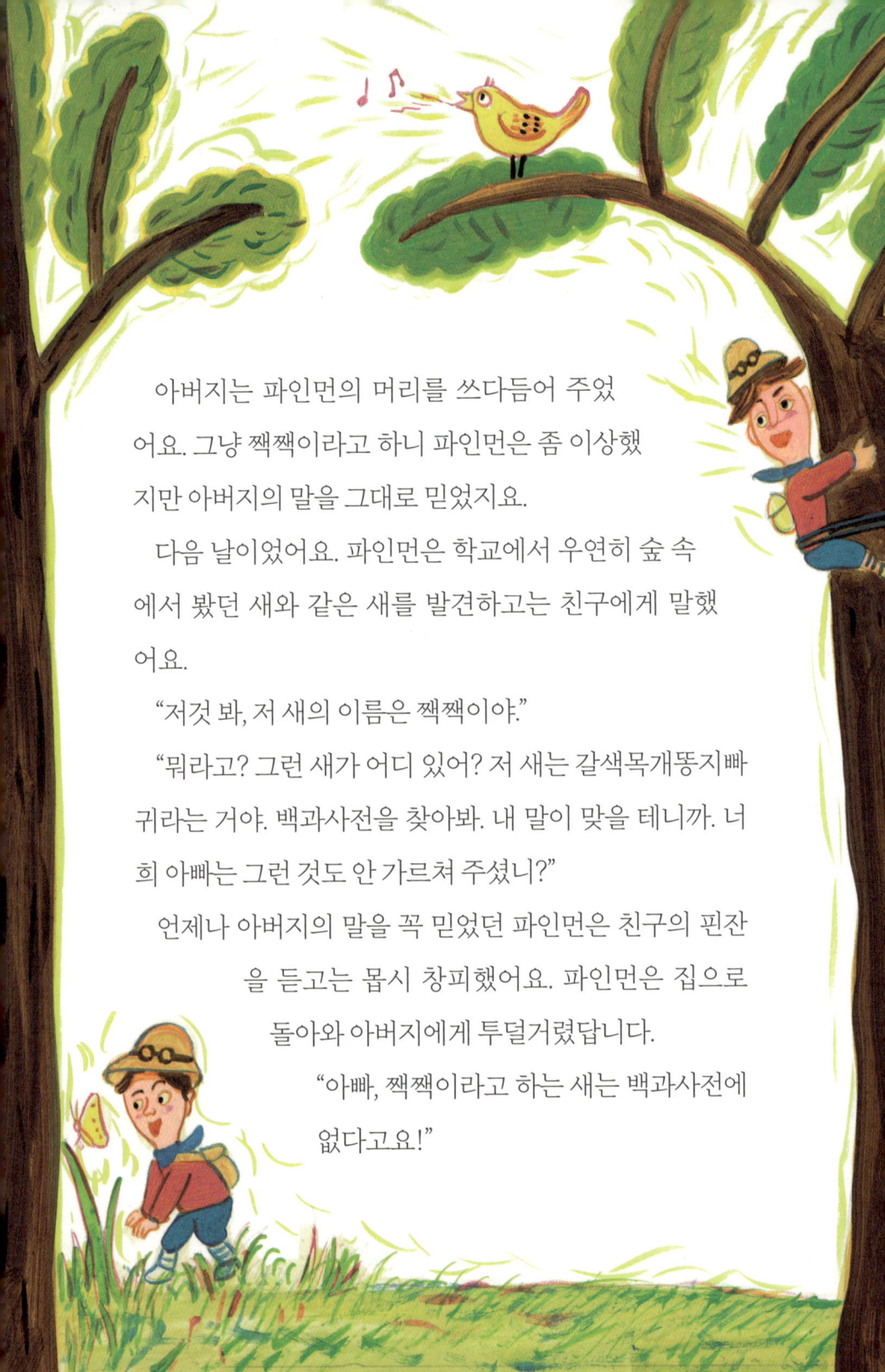

　아버지는 파인먼의 머리를 쓰다듬어 주었어요. 그냥 짹짹이라고 하니 파인먼은 좀 이상했지만 아버지의 말을 그대로 믿었지요.
　다음 날이었어요. 파인먼은 학교에서 우연히 숲 속에서 봤던 새와 같은 새를 발견하고는 친구에게 말했어요.
　"저것 봐, 저 새의 이름은 짹짹이야."
　"뭐라고? 그런 새가 어디 있어? 저 새는 갈색목개똥지빠귀라는 거야. 백과사전을 찾아봐. 내 말이 맞을 테니까. 너희 아빠는 그런 것도 안 가르쳐 주셨니?"
　언제나 아버지의 말을 꼭 믿었던 파인먼은 친구의 핀잔을 듣고는 몹시 창피했어요. 파인먼은 집으로 돌아와 아버지에게 투덜거렸답니다.
　"아빠, 짹짹이라고 하는 새는 백과사전에 없다고요!"

그러자 아버지는 이렇게 대답했어요.
"얘야, 새의 이름을 아는 게 그리 중요하니? 아빠는 그 새가 어떻게 먹이를 잡는지, 색깔이 어떤지, 울음소리가 어떤지 그런 것이 더 궁금하단다. 새 이름을 알고 싶다면 백과사전에서 새 이름만 줄줄 외우면 될 거야. 하지만 넌 비록 이름은 몰랐지만 그 새의 진짜 모습을 알고 있잖니? 그게 이름을 아는 것보다 훨씬 더 중요하단다."

영리했던 파인먼은 아버지의 말을 금방 이해했어요. 진짜 아는 것이 무엇인지 말이에요. 그리고 진짜 알기 위해서는 관찰이 가장 중요하다는 것도 깨달았어요.

그 뒤로 파인먼은 어떤 사물이라도 그것에 담긴 원리를 알아내는 데 마음을 쏟았어요. 그리고 자신에게 큰 가르침을 준 아버지에게 늘 감사하는 마음을 가졌지요.

"아빠, 하늘의 별들이 규칙적으로 움직이는 것처럼 보여요. 별이 움직이는 데에는 어떤 원칙이 있는 걸까요?"

"그렇겠지? 세상의 모든 일들에는 다 원인과 이유가 있단다. 어떤 원칙들이 있는지 네가 관찰해 알아보고 아빠에게도 알려 주겠니?"

아버지는 이처럼 파인먼이 질문을 하면 스스로 자신의 궁금증을 해결하도록 도와주었어요. 이미 알려져 있는 정답을 알려 주는 것이 아니라 자신만의 해답을 찾아가도록 한 것이지요. 이를 통해 파인먼은 긴 관찰 끝에 비로소 해답을 찾아낼 때 느끼는 기쁨을 깨닫게 되었답니다.

이것은 파인먼이 더 자라 공부를 해 나가는 데 있어서도 큰 힘이 되었어요. 학교에서도 파인먼의 이런 습관은 계속되었지요.

'아, 이거였구나! 이런 방법도 있었어!'

파인먼은 밤늦게까지 방정식을 풀고 있었어요. 그런데 파인먼이 문제를 푸는 법은 좀 유별났어요. 선생님이 가르쳐 준 방법이나 참고서에 나오는 방법이 아니라 자기만의 방법을 발견하려고 했거든요. 그러다가 마침내 스스로 해답에 이르면 신이 나서 소리를 지르곤 했어요. 이렇게 기분이 좋을 때는 밤을 새우더라도 하나도 피곤하지 않았답니다.

파인먼은 학교 시험에서 우수한 성적을 받지는 못 했어요. 하지만 이렇게 늘 자신만의 방법으로 공부를 했지요.

이렇게 쌓은 파인먼의 실력은 대학교에 입학하고부터 빛을 발하기 시작했어요. 대학을 졸업한 다음에는 유수한 과학자들만 참여하던 원자 폭탄 개발 계획인 '맨해튼 프로젝트'에 함께 하기도 했지요. 코넬 대학교과 캘리포니아 대학교 공과 대학의 교수가 되어 연구를 계속하면서 학생들도 가르쳤고요.

그뿐만 아니라 1954년에는 알베르트 아인슈타인상을 수상했고, 1965년에는 노벨 물리학상을 수상하면서 어느새 아인슈타인에 버금가는 천재 물리학자로 이름을 날리게 되었어요.

하지만 파인먼은 명예를 얻었다고 해서 잘난 척을 하거나 으스대지 않았답니다. 오직 진짜 공부에만 매달릴 뿐이었지요. 파인먼의 고등학교 시절 이야기는 변함없는 그의 겸손함을 잘 보여 준답니다. 파인먼이 다니던 고등학교에는 성적이 가장 뛰어난 아이들만이 들어갈 수 있는 '아리스타'라는 모임이 있었어요. 그 학교의 학생들이라면 누구나 이 모임에 들고 싶어 했지요.

'우리 학교에서 성적이 최상위권인 아이들만 있는 모임이라고? 과연 그 모임에서는 어떤 공부를 하는 걸까? 나도 거기 들어갈 수 있으면 좋겠다.'

파인먼은 이렇게 생각했어요. 그러다 파인먼도 점점 성적이 오르면서 그 모임에 들어가게 되었지요. 파인먼은 기뻐서 가슴이 벅차올랐어요. 그런데 뜻밖에도 그 모임에서 주로 하는 것은 누가 이 모임에 들어올 자격이 있는지를 토론하는 것뿐이었어요.

파인먼은 크게 실망하고는 모임을 그만두고 말았지요.

"너 아리스타를 그만두었다며? 다들 거길 들어가고 싶어서 안달인데 제 발로 나가다니! 제정신이야? 아리스타 회장이 그러는데 지금까지 스스로 모임을 나간 사람은 너 하나뿐이래."

"그런 쓸데없는 모임에서 시간을 빼앗기고 싶지 않았어."

"뭐라고? 거기에는 최고의 학생들만이 모여 있어. 모임이 네가 기대했던 것과 달랐을지는 모르지만 걔네들과 친하게만 지내도 네게 도움이 될 거라고!"

"그래, 바로 그거야. 그래서 관심이 없어."

이렇게 파인먼은 진짜 공부와는 거리가 먼, 남 보기에 좋은 명예나 자리에 관심을 두지 않았어요. 나중에 미국 국립과학학술원 회원이 되었을 때도 파인먼은 곧 회원을 그만두고 말았어요. 과학계에서 명예로운 자리로 꼽히는 이 회원직을 버린 것은 명예나 권위를 갖고 으스대기보다는 공부하는 진짜 즐거움만을 누리고 싶어 한 파인먼의 마음을 잘 보여 주지요.

이뿐이 아니에요. 파인먼은 노벨 물리학상 수상자로 선정된 다음에도 상을 받으러 스웨덴까지 가야 하는 것을 귀찮아 할 정도였답니다.

"여보, 상 하나 받으려고 그 먼 곳까지 가야 하는 거요? 연구할 시간도 부족한데 말이오."

"당신이 수상식에 참석하지 않으면 사람들이 당신에 대해 더 궁금해할 거예요. 인터뷰하자고 당신을 귀찮게 하는 기자들만 더 늘어날걸요?"

아내가 이렇게 설득하자 파인먼은 어쩔 수 없이 수상식에 참석했어요.

파인먼이 연구한 양자 역학이라는 학문은 매우 어렵다고 해요. 그런데 파인먼은 교수로 지낼 때 학생들에게 양자 역학을 가장 쉽게 가르쳐 인기가 높았어요. 그것은 파인먼이 평소 과학뿐 아니라 세상의 다양한 것들에 관심이 많았기 때문에 가능했지요.

파인먼은 연구뿐만 아니라 오랫동안 그림을 그려 왔고, 봉고라는 악기를 훌륭하게 연주하는 연주가이기도 했어요. 또 금고를 여는 독특한 특기를 가지고 있어 금고털이라고도 불렸답니다.

또 언제 어디서나 기상천외한 사고방식으로 주변 사람들을 웃겼어요. 파인먼은 물리 원리를 피아노와 비교하기도 했고, 우주를 설명할 때에는 피카소의 그림을 예로 들기도 했지요.

많은 동료 교수들은 파인먼의 강의 방식을 부러워하며 그 비법을 궁금해 했어요. 그럴 때마다 파인먼은 이렇게 대답했지요.

"우선 강의 내용을 학생들이 왜 배워야 하는지, 그 점을 명확하게 파악하세요. 그것이 분명해지면 좋은 강의가 자연스럽게 떠오를 것입니다."

놀이를 하듯 공부하기

파인먼에게 공부는 힘들고 어려운 것이 아니라 놀이 같은 것이었어요. 그럴 수 있었던 것은 바로 문제의 해답을 스스로 수수께끼 풀듯 찾아내며 즐겼기 때문이지요. 무엇이든 재미가 있으면 쉽고, 재미가 없으면 어렵게 느껴지는 법이에요. 여러분도 공부를 재미있게 하고 싶나요? 그렇다면 파인먼처럼 수수께끼 놀이를 하듯 공부해 봐요.

문제를 해결하는 나만의 방법을 찾아 봐요

수학 문제 하나를 풀어 볼까요? 이때 선생님이 가르쳐 준 것이나 참고서에 나온 방법을 그대로 따라 하기보다는 자기만의 풀이 방법을 발견해 보세요. 시간이 오래 걸리고 연습장 한 권을 다 써 버리는 한이 있더라도 말이에요. 물론 힘들겠지만 이런 경험을 해 보면 스스로 해답을 찾아갈 수 있어 신나고 자신감도 생긴답니다. 이것이 바로 지겹고 괴로운 공부를 흥미진진한 수수께끼 놀이로 바꾸는 비법이지요.

🧑 공부 외에 다양한 취미를 가져 봐요

공부를 잘하고 싶다면 여러 가지 분야에 두루 관심을 가져 봐요. 친구 사귀기나 책 읽기, 여행, 그림 그리기 등 다양한 활동을 하는 것은 아주 중요해요. 오로지 책상에 앉아 공부만 하는 것보다 다양한 분야에 관심을 가지는 것이 나중에는 더욱 깊은 지식이 되거든요. 다양하고 깊은 지식은 쌓이면 쌓일수록 더욱 풍성한 교양이 되고, 인격이 훌륭한 사람으로 자라나도록 도와줘요.

읽고 또 읽고

책으로 인생을 바꾼
오프라 윈프리

오프라 윈프리(Winfrey, Oprah 1954~)
미국의 유명한 흑인 방송인. 자신의 이름을 내건 세계적인 토크 쇼 '오프라 윈프리 쇼'를 25년간 진행했다. 미국 미시시피주에서 사생아로 태어나 한때 마약에 빠지기도 했지만 지금은 잡지와 케이블 TV까지 거느린 하포 그룹의 회장으로 우뚝 섰다. 세계에서 가장 영향력 있는 여성으로 선정되었으며 유엔이 주는 세계 지도자상, 미국 인권 박물관이 수여한 자유상, 국제 에미상 방송인상 등을 받았다.

"또 책을 보는 거냐? 그런 쓸데없는 짓을 할 시간이 있으면 가서 방이라도 치워!"

화가 난 오프라의 어머니는 오프라의 손에서 그림책을 낚아채더니 침대 뒤쪽으로 던져 버렸어요.

여섯 살의 오프라는 어머니의 서슬에 놀라 몸을 움츠렸어요. 오프라의 어머니는 평생 책이라고는 읽어 본 적 없었어요. 그래서 오프라가 책 읽는 것을 이해하지 못했지요.

"네가 무슨 천재라도 된다는 거냐? 책을 읽으면 먹을 거라도 생긴다니? 이 지긋지긋한 인생을 바꿔 주기라도 한다면 모를까!"

어머니의 매정한 말투에 오프라는 눈물을 흘렸어요. 얼마 전까지 함께 살던 할머니는 오프라가 책을 읽을 때면 늘 기특하다고 머리를 쓰다듬어 주었어요. 성경을 읽고 구절

을 외우면 손녀가 자랑스럽다며 엉덩이를 두드려 주기도 했지요. 이런 할머니 덕분에 오프라는 책 읽기를 세상에서 가장 좋아했어요. 할머니도 그런 손녀를 위해 어려운 살림에도 어떻게 해서든 책을 구해 주려고 노력했지요.

하지만 오프라를 아끼던 할머니가 병으로 세상을 떠나자 오프라는 어머니의 집으로 가서 살아야 했어요. 백인의 집에서 가사 도우미로 일하는 어머니는 성격이 괴팍했어요. 그뿐만 아니라 그곳에는 이미 오프라와 아버지가 다른 여동생이 둘이나 더 있었어요. 어려운 생활 형편 속에서 어머니는 종종 오프라에게 짜증을 퍼붓곤 했어요.

"밖에서 힘들게 일하고 돌아왔는데 집안 꼴이 이게 뭐니? 내가 정말 못 살아. 꼴도 보기 싫으니 차라리 나가 버려라."

어머니가 이렇게 윽박지르는 날이면 오프라는 너무 무서워서 현관으로 나가 쪼그리고 앉아 잠을 자기도 했어요. 오프라의 성격은 점점 소심해졌지요.

하지만 오프라는 힘들 때마다 예전에 읽었던 책의 이야기를 떠올렸어요. 그리고 그런 상상은 오프라에게 큰 위로가 되었어요.

'지금 나는 꼭 소공녀 같아. 너무 힘들고 슬퍼. 그렇지만 어려움을 겪었던 소공녀는 결국 행복해지잖아? 나도 나중에는 꼭 행복해질 수 있을 거야.'

오프라를 키우기 힘들었던 어머니는 얼마 지나지 않아 오프라를 아버지에게로 보냈어요. 아버지는 오프라가 책 읽기를 좋아한다는 것을 알고는 어느 날 오프라를 동네 도서관으로 데려가 대출증을 만들어 주었어요.

"자, 이제 읽고 싶은 책이 있으면 도서관에 가서 마음껏 읽으렴. 대신 학교 공부를 소홀히 하면 안 된다. 약속하겠니?"

"정말이에요, 아빠? 고마워요. 책도 열심히 읽고, 공부도 열심히 할게요. 약속해요."

오프라는 뛸 듯이 기뻤어요. 도서관에 가득한 책들을 보니 그동안의 슬픔과 상처가 모두 사라지는 것 같았어요. 그 날부터 오프라는 마음껏 책을 읽었어요. 오프라는 학교 성적도 매우 좋았지요. 책을 많이 읽다 보니 거기서 얻은 지식이 풍부했기 때문이에요.

"오프라, 넌 어쩜 그렇게 공부를 잘하니? 너 집에 가면 꼼짝 않고 공부만 하는 거 아냐?"

시험을 앞둔 어느 날 같은 반 친구 메리가 물었어요.
"아니, 그냥 책 읽는 게 전부야. 그런데 책을 읽으면 학교에서 배우는 내용을 더 자세히 알 수 있어. 얼마 전에《링컨》을 읽었는데, 전에 학교에서 배운 독립 운동 이야기가 얼마나 감동적인지 다시 알게 되었지 뭐야. 내가 좋아하는 《80일간의 세계 일주》에는 세계 각국 문화 이야기가 나와서 세계사 공부를 할 때 그 책을 읽은 게 도움이 돼."

"아, 공부 비법이 바로 책 읽기로구나. 멋지다. 그런데 난 왜 이렇게 책 읽기가 싫을까?"

메리는 부러운 눈빛으로 오프라를 바라보았어요.

"책을 읽을 때면 그 이야기의 장면을 상상해 봐. 책의 주인공이라고 생각해 보는 것도 재미있어. 너도 한번 해 봐."

오프라는 이렇게 대답했어요. 이것은 아주 어릴 때부터 오프라가 책을 읽던 습관이었어요. 때로는 비극의 주인공이 되기도 하고, 용감한 해적이 되기도 하고, 사건의 실마리를 찾아가는 탐정이 되기도 했지요.

하지만 오프라에게 행복한 시절은 그리 오래가지 않았어요. 다시 어머니에게로 가서 함께 살게 되었거든요. 오프라는 어머니가 무섭기는 했지만 언제나 어머니의 사랑을 받고 싶었어요. 하지만 어머니는 여전히 차가웠어요.

어떻게 하면 동생들보다 어머니의 사랑을 더 받을 수 있을지 궁리하던 오프라는 방황하기 시작했어요. 어머니의 지갑에서 돈을 훔치거나 친구들과 어울려 때로는 가출도 했지요. 그러자 학교 성적도 곤두박질쳤어요.

'아무도 나를 사랑하지 않아! 난 혼자야. 그러니 아무렇게나 살 거야. 아무도 나에게 관심을 가져 주지 않는걸!'

그러다 오프라는 열네 살 때 임신을 하게 되었어요. 하지만 아이의 아버지는 이미 떠나 버린 뒤였지요. 오프라는 자기 배 속의 아기가 자신과 비슷한 처지인 것 같아 며칠을 목 놓아 울었어요. 아이는 무사히 태어나기는 했지만 태어난 지 2주 만에 세상을 떠났지요. 한동안 오프라는 깊은 슬픔에 빠져 집 밖으로 나오지 못했어요.

그리고 몇 달이 지나서야 오프라는 비로소 마음을 추스릴 수 있었어요.

'이렇게 살 수는 없어. 나에게도 희망이 있어. 내 인생을 찾을 거야. 난 할 수 있어.'

오프라는 학교를 옮기고, 방황하며 어울렸던 친구들과도 관계를 끊었어요. 그러고는 다시 공부와 책 읽기에 집중했지요. 이때는 특히 위대한 여자들의 이야기를 많이 읽었어요. 《헬렌 켈러》는 오프라에게 희망을 주었고, 《안네의 일기》는 용기를 주었지요. 이뿐만 아니라 수많은 책들이 오프라에게 자신감을 불어넣어 주었어요. 또 혼자가 아니라는 위로를 전해 주었답니다.

'그래, 이게 끝은 아니야. 이 어려운 고비를 잘 넘기면 돼. 나도 행복해질 수 있어. 포기하지 않고 공부할 거야. 힘들었던 경험들이 언젠가는 살아가는 데 도움이 될지도 모르잖아. 《오즈의 마법사》에 나오는 착한 마녀 글린다의 말처럼, 보이지 않지만 누구나 자신만의 힘을 가지고 있는 거야. 난 그 힘을 꼭 찾을 거야.'

그렇게 자신감을 되찾은 오프라는 성실하게 학교생활을 해 나갔어요. 덩달아 성적도 좋아졌지요. 오프라는 학교에 행사가 있으면 빠지지 않고 참석했어요. 특히 말하기 대회에 나가 여러 번 상을 타기도 했답니다. 그러면서 오프라는 방송 일에 관심을 갖기 시작했어요. 다른 사람들 앞에서 말하는 것에 즐거움을 느꼈기 때문이지요.

"제 꿈은 뉴스 진행자가 되는 거예요. 사람들에게 진실을 알리고 희망을 주는 일을 하고 싶어요."

오프라는 틈만 나면 자신의 꿈을 사람들에게 이야기했어요.

"쳇, 누가 흑인에게 방송 일자리를 준대? 오

프라는 이룰 수 없는 꿈을 꾸고 있는 거야."

 뒤에서 이렇게 수군거리는 친구들도 있었어요. 당시만 해도 흑인에 대한 차별이 무척 심했기 때문에 흑인으로서 성공하는 것은 쉬운 일이 아니었지요. 하지만 그럴 때마다 오프라는 책에서 읽은 사람들의 이야기들을 다시 떠올렸어요. 그리고 훌륭한 인물들은 항상 역경을 극복하고 꿈을 이룬다는 사실을 기억했지요.

시간이 나면 오프라는 책을 낭독하는 훈련을 했고, 발음 연습도 빠뜨리지 않았어요. 이런 노력 덕분인지 고등학교를 졸업할 무렵 오프라는 한 라디오 방송국에서 아르바이트로 뉴스 진행을 맡게 되었어요.

"야호! 드디어 내 꿈의 첫발을 뗀 거야. 대학교에 가서도 이 꿈을 계속 이어 나갈 거야."

비록 그 라디오 방송국은 잘 알려지지 않은 곳이었지만 오프라는 최선을 다했어요. 그러던 어느 날, 오프라는 미국을 대표하는 CBS 방송국에서 온 전화를 받았어요.

"오프라 씨죠? 방송을 잘 듣고 있습니다. 혹시 괜찮다면 우리 방송국의 저녁 뉴스 진행을 맡아 주면 좋겠어요."

"제가 저녁 뉴스 진행을요? 좋아요! 감사합니다, 정말 감사해요!"

그렇게 오프라는 이 방송국 최초로 가장 나이 어린 뉴스 진행자, 최초의 흑인 뉴스 진행자가 되었어요.

오프라는 이처럼 자신의 꿈을 향해 한 발 한 발 걸어 나가 어느덧 자신의 이름을 내건 토크 쇼까지 진행하게 되었어요. 오프라가 그 자리에까지 이르게 된 것은 오프라의 피나는 노력 외에 또 다른 이유가 있었어요.

그것은 무엇보다 시청자의 입장에서 방송을 진행하는 방식이었지요. 오프라는 자신이 그동안 겪었던 어려움을 솔직하게 이야기하면서 상대방 역시 터놓고 말할 수 있도록 했답니다. 그런 오프라를 보면서 사람들은 감동하고 웃으며 한마음이 되었지요.

"자, 오늘의 주제 다이어트에 대해 이야기를 나누고 있습니다. 이번에는 다이어트 실패담을 서로 이야기해 볼까요? 물론 아주 솔직하게 말이에요!"

자신의 토크 쇼에서 오프라가 이렇게 운을 뗐어요. 그러자 한 출연자가 말했지요.

"저는 살을 빼려고 닷새를 굶었어요. 시간이 흐르니 배가 고파 눈이 튀어나올 정도가 되었답니다. 그래도 체중이 줄어드는 게 즐거웠지요. 그러던 어느 날이었어요. 길을 걷다가 어디선가 나는 피자 냄새에 그만 정신을 잃었어요. 그러다 정신을 차려 보니 어땠는 줄 아세요? 글쎄 제가 피자를 두 판이나 시켜 먹고 있는 거예요!"

"하하하."

출연자의 말에 방청객들은 배꼽을 잡고 웃었어요.

"저는 어느새 다이어트를 하기 전보다 체중이 더 늘어 버렸어요. 정말 죽고 싶었지요. 텔레비전이나 거리에는 온통 늘씬한 여자들뿐인데 저는 늘 그걸 부러워하면서도 식욕을 이기지 못하니까요. 제 자신이 정말 바보 같아요."

오프라는 그 출연자에게 다가가 손을 꼭 잡았어요.

"저도 마찬가지랍니다. 너무 속상해하지 마세요. 저도 다이어트를 했을 때 배가 너무 고파 한밤중에 냉동실의 핫도그를 꺼내 먹은 적이 있어요. 무려 다섯 개를 쉬지도 않고 게걸스럽게 말이에요! 다음 날 아침이면 제 자신이 정말 싫어지지요."

"맞아요, 맞아. 정말 그렇다니까요. 그런데 오프라 씨도 그랬다니 놀라워요. 텔레비전에 나오는 사람들은 다른 줄 알았어요."

"아니에요. 저 역시 여러분과 똑같아요. 먹고 나서 후회하면서도 돌아서면 또 먹고 싶잖아요."

오프라는 멋지고 세련된 말만 하는 보통의 토크 쇼 진행자들과는 달리 자신의 창피한 경험이나 불행했던 과거를 솔직하게 털어놓았어요. 그러다 보니 출연자나 방청객뿐 아니라 텔레비전을 보는 시청자들 모두 오프라가 무척 친근하게 느껴졌지요.

"오프라 씨는 정말 저희들의 마음을 잘 알아주네요. 사실 방송인들의 솔직한 모습은 보기 힘들어요. 우아하고 멋진 모습만 보이려고 하니까요. 하지만 오프라 씨는 달라요. 친한 친구처럼 이야기를 다 들어줄 것만 같아서 자꾸 빠져들게 돼요."

오프라는 자신의 성공 비법과 사람들을 끄는 힘 모두가 책에서 나왔다고 말해요.

"책은 제 인생을 달라지게 했어요. 오래전 우리 엄마는 책 따위가 인생을 바꿔 줄 수 없다고 했지만, 가난한 미혼모의 딸로 태어나 어렵게 자란 제가 이렇게 성공할 수 있었던 것은 바로 꾸준한 독서 덕분이었어요. 여러분도 책을 읽으면 인생이 달라질 수 있다는 것을 확인해 보지 않으시겠어요?"

책을 항상 가까이하기

오프라 윈프리의 공부법은 바로 독서예요. 어린 시절 할머니 덕분에 책을 가까이하고 즐기게 된 오프라는 힘든 일이 있거나 괴로운 일이 있을 때면 늘 책을 펼쳤어요. 책 속에서 희망을 찾고 용기를 얻은 것이지요. 그뿐만 아니라 책으로 탄탄한 지식까지 쌓았어요. 오프라는 어릴 적 어려운 환경 속에서 힘들게 자랐지만 끝내 포기하지 않은 독서로 자신의 인생을 행복하게 되바꿀 수 있었어요.

책을 통해 직접 해 볼 수 없는 수많은 경험을 해요

어릴 때부터 오프라가 푹 빠져 있었던 독서는 나중에 오프라가 방송 일을 하는 데 큰 도움을 주었어요. 책 속에서 얻은 수많은 지식과 지혜로 사람들의 마음을 누구보다 잘 이해할 수 있었거든요. 책은 한 사람이 다 경험할 수 없는 많은 일들을 간접적으로 경험하게 해 주어 삶에 대한 이해를

높여 줘요. 그래서 책벌레 오프라는 전 세계 많은 시청자들의 마음을 움직일 수 있었지요. 여러분도 책이 주는 힘을 믿고, 어린 시절부터 독서의 습관을 길러 보세요.

 책과 친구가 되어요

지금 당장 책을 펼치고 그 속으로 빠져들어 보세요. 그리고 친구들과 대화하듯 책에 나오는 인물들에게 귀를 기울여 보는 거예요. 그 속에는 어려움을 극복한 위대한 인물도 있고, 우리에게 즐거움을 주는 주인공도 있고, 마음에 위안을 주는 따스한 친구도 있어요. 책에는 수많은 인물들의 이야기가 담겨 있어 읽는 사람의 좋은 멘토가 되어 준답니다.

실천하는 공부

네 명의 임금을 모셨던
이황

이황(1501~1570)
조선 중기 성리학자, 교육자. 정약용과 함께 우리 역사상 가장 많은 책을 쓴 인물로 꼽힌다. 여러 관직을 거치며 일했으나 당쟁으로 조정이 혼란스러워지자 관직을 과감히 버렸다. 그러고는 고향으로 내려와 서원을 세우고 제자들을 길러 냈다. 아는 것과 행동하는 것이 같아야 한다는 자세로 늘 배운 것을 생활 속에서 실천했다. 이황은 일본에서까지 존경받는 대유학자였지만 평생 자신을 잘 드러내지 않고 청렴하게 살았다.

　조선 시대 대학자인 이황은 7남 1녀 중 막내로 태어났어요. 넉넉지 않은 살림에 형제까지 많다 보니 이황이 태어났을 때에는 집안 형편이 그리 좋지 않았어요. 게다가 이황이 태어나 첫돌이 되기도 전에 아버지마저 세상을 떠나는 바람에 살림살이는 더욱 어려워졌지요. 어머니는 혼자 농사를 짓고 누에 치는 일을 하면서 자식들을 키웠답니다. 하지만 어려운 살림 속에서도 자식들을 교육시키는 것만큼은 남다른 열정을 쏟았어요.

　"어머니, 오늘은 제가 밭에 나갈게요. 어머니는 집에서 좀 쉬세요."

　큰형이 이렇게 말하며 나서면 어머니는 손을 내저으며 말렸어요.

　"아니다. 넌 들어가서 글을 읽도록 해라. 공부는 때가 있

는 법이다. 지금 네게는 글 공부가 더 중요하지 않느냐."
 어머니의 단호한 목소리에 큰형은 방으로 들어가곤 했어요.
 형제들은 모두 어머니의 이런 고생을 알고 있었기 때문에 조금도 흐트러짐 없이 모두 공부에 열중했지요. 어머니는 특히 막내 이황이 혹시라도 아버지가 없어서 버릇이 없다고 손가락질을 받을까 봐 유난히 엄하게 가르쳤어요. 이황은 그런 어머니가 때로는 원망스러웠지만 어머니의 마음을 잘 알기에 항상 예의 바르게 행동하고 글공부도 더욱 열심히 했어요. 덕분에 마을 아주머니들은 모이기만 하면 이황을 늘 칭찬했어요.
 "박 씨 부인은 좋겠어요. 아들들이 다 그렇게 착하고 부지런하다면서요?"
 "그러게 말이야. 특히 막내아들 황이는 어쩜 그렇게 똑똑하고 공부도 열심히 하는지……. 우리 아들도 좀 배우면 좋으련만."
 이황은 12살 때부터 작은아버지에게 학문을 배웠어요. 작은아버지는 이황을 가르치면서 어린 조카가 영특하다는 것을 금방 알아챘지요. 그래서 형제들 중에서도 이황을

유난히 아꼈어요.

'황이는 나중에 분명 큰 인물이 될 것이다. 부디 우리 집안을 일으키는 훌륭한 재목으로 자라다오.'

한여름 따갑던 해가 서산으로 사라지고 어느새 주위는 어둑어둑해졌어요. 이황은 친구들과 냇가에서 신나게 놀다가 이제 막 집으로 향하는 길이었어요. 그제야 시간이 너무 늦은 것을 깨달은 이황은 마음이 무거워졌어요.

'아, 너무 오래 놀아 버렸네. 해가 지기 전까지는 집에 돌아갔어야 했는데……. 어머니가 걱정하셨을 게 분명해.'

아니나 다를까 이황이 사립문을 열고 들어서는 순간 불호령이 떨어졌어요.

"어디를 다녀오는 것이냐!"

어머니의 엄한 목소리가 마당에 울려 퍼졌어요. 이황은 놀라 이러지도 저러지도 못하고 엉거주춤하게 서서 대답했어요.

"날씨가 너무 더워 냇가에 잠시 다녀오는 길입니다."

"해가 저문지가 언제인데, 잠시 다녀왔다고 말하느냐?"

어머니의 목소리는 비록 낮았지만 한겨울 서릿발 같았어요. 이황은 아무 말도 하지 못한 채 고개를 푹 숙였어요.

"학문에 뜻을 두었다고 하면서 글 읽기에 힘쓰기는커녕 친구들의 유혹조차 뿌리치지 못해서야 어찌 훌륭한 인물이 되기를 바랄 수 있겠느냐. 만약 네가 그렇게 마음이 강건하지 못하다면 그 동안 네가 읽은 글은 모두 헛것일 뿐이다. 괜히 헛일을 할 바에는 내일부터 책은 멀리 치우고 나와 함께 밭을 가는 것이 낫겠구나."

"잘못했습니다, 어머니."

"네가 영리하다고 사람들이 칭찬하는지는 모르겠다만 영리함은 성실함을 이길 수 없다. 나는 네가 영리하게 공부하기보다는 성실하게 공부하는 사람이었으면 좋겠구나."

"어머니, 소자의 생각이 짧았습니다. 앞으로는 더욱 부지런히 학문에 힘쓰겠습니다."

그날 뒤로 이황은 어머니의 말을 단 한 번도 잊은 적이 없었어요. 그리고 한눈팔지 않고 성실히 공부에 임했지요. 이황은 매일 먼동이 트기 무섭게 일어나 바른 자세로 앉아 책을 읽었어요. 또 책에서 가르치는 것처럼 몸가짐과 마음가짐을 바르게 했답니다. 덕분에 얼마 지나지 않아 한양에 있는 성균관에 합격할 수 있었어요. 성균관은 오늘날의 대학교와 같은 곳이에요. 전국에서 올라온 유능한 학생들이 이곳에 모여 열심히 공부를 했지요.

"드디어 훌륭한 스승님 아래에서 제대로 된 공부를 하겠구나."

이황은 부푼 꿈을 품고 한양으로 올라왔어요. 그러나 막상 성균관에서 공부를 해 보니 생각과는 달랐어요. 대부분의 학생들이 공부는 하는 둥 마는 둥 하면서 과거에 합격해 좋은 벼슬자리를 얻을 궁리만 했거든요. 이황은 그런 학생들의 모습에 크게 실망했어요. 하지만 그런 분위기에 휩쓸리지 않고 오로지 공부에만 전념했답니다.

고향에서처럼 밤낮없이 공부에만 매달리는 바람에 몸에 무리가 가서 병이 나기도 했어요. 그렇게 공부하다 보니 어느덧 이황은 성균관에서 가장 눈에 띄는 학생이 되었답니다.

그런데 어찌된 일인지 이황은 다른 학생들처럼 과거에는 관심이 없었어요. 친구들은 그 까닭을 궁금하게 여겼지요.

"자네는 그렇게 공부를 열심히 하면서, 어찌 과거는 한 번도 치르지 않는 건가?"

"나는 새로운 것을 배우고 익히는 공부 그 자체가 좋아서 하는 것뿐일세. 우리가 공부하는 목표가 단지 과거를 치르기 위한 것만은 아니지 않는가?"

"에이, 무슨 소리인가? 이렇게 힘들게 공부하는 것은 다 좋은 벼슬을 얻으려는 것 아닌가. 벼슬자리에 오르면 자네처럼 어려운 집안에는 더욱 큰 도움이 될 걸세. 그러지 말고 한번 치러 보게."

친구는 이렇게 채근했어요.

"글쎄, 아직은 생각이 없네. 옛 성현들이 어디 과거에 합격하기 위해 공부를 했던가? 공부를 하다 보면 실력이 쌓이는 것이고, 실력이 쌓이다 보면 자연스럽게 과거에 합격해 관직도 얻게 되는 것이지. 어찌 관직만을 얻으려고 공부를 하겠는가? 더구나 그렇게 억지로 공부를 하면 그게 올바른 공부가 되겠는가?"

"그거야, 그러네만. 그래도……."

하지만 이황의 이런 뜻을 모르는 친구들은 뒤에서 수군거리며 이황을 비웃기도 했어요.

"이황의 학문이 깊다는 것도 별것 아닌가 보네. 아직까지 과거도 치르지 못하는 걸 보니."

"아, 나도 그 까닭이 궁금했는데 알고 보니 이황은 과거 공부 요령은 하나도 모르는 것 같았네. 그저 고지식하게 공부만 하니 어디 과거에 합격을 할 수 있겠는가? 아마 과거에서 떨어질까 봐 무서워서 치르지 못하는 것이겠지. 그러니 사람은 요령이 있어야 해, 요령이."

"그럼, 그렇고 말고."

하지만 이황은 이런 친구들의 비웃음에도 아랑곳없이

자신의 방식대로 공부를 계속했어요.

'공부는 자고로 성실하게 임하는 것만이 답이야. 읽고 또 읽고, 생각하고, 느끼고, 그리고 그것이 행동을 통해 나타나야 하는 것! 깊고 넓은 학문을 요령으로만 할 수는 없는 것이야. 그래, 남들이 뭐라고 해도 성실하게 하루하루 공부해 나가자.'

이황은 이렇게 마음먹고는 우직하게 공부를 해 나갔어요. 시간이 흐를수록 그의 학문은 더욱 깊어졌고, 인품도 나날이 높아졌지요.

그렇게 성균관에서 5년 정도 공부한 어느 날이었어요. 이황은 아내가 위독하다는 연락을 받고 급히 고향으로 내려갔어요. 하지만 그가 도착한 지 얼마 되지 않아 아내는 그만 세상을 떠나고 말았어요. 고향에서 두 아들을 키우며 고생만 하던 아내가 그렇게 일찍 세상을 떠나자 이황은 마음이 무척 아팠어요. 자신을 위해 평생을 일한 어머니에게도 죄송했고, 어린 두 아들을 볼 면목도 없었지요.

어머니는 오랜만에 집에 돌아온 아들에게 이렇게 말했어요.

"이번에 이곳에 과거가 있다고 하더구나. 너도 이제 오래

공부했으니 과거를 보는 것이 어떻겠느냐. 너라면 충분히 할 수 있을 거라고 믿는다."

아내의 죽음과 어머니의 말씀에 이황은 이번에는 마음을 달리하고 과거를 치르기로 결심했어요.

'그래, 고생하는 어머니를 위해서라도 과거에 합격하자. 비록 조선의 조정이 올바르지 못한 권력을 휘두르는 무리들로 썩어 가고 있다고는 하지만 내가 벼슬에 올라 그 썩은 물을 바꾸도록 노력하는 것도 의미가 있을 거야.'

이렇게 마음먹은 이황은 비로소 과거를 치러 장원 급제를 했어요. 그리고 30대 초반의 늦은 나이로 벼슬길에 나섰지요.

이황이 처음으로 맡은 업무는 외교에 관한 문서를 담당하는 일이었어요. 그리 높은 직급은 아니었지만 외교 문서를 다루는 일이었던 만큼 주변 나라들의 언어와 문물, 풍습 등에 능통해야 했지요. 그러니 오랫동안 공부를 많이 해 다양한 지식을 쌓은 이황에게는 꼭 맞는 자리였어요. 이황은 꼼꼼하게 일을 처리하면서도 언제나 주변 사람들에게 따스한 마음을 베풀어 점차 나라 관리로 인정을 받았어요.

당시 궁궐 안의 관리들은 두 파로 나뉘어 서로 심한 싸움을 벌였어요. 당시에는 서로 다른 파라면 어떻게든 헐뜯으려고 했지만 이황만은 양쪽 모두에게서 존경을 받았답니다.

"다른 사람은 몰라도 이황만큼은 참으로 존경할 만합니다. 그가 참으로 학문이 깊다는 것이 매사에 드러나지 않습니까?"

"그렇습니다. 아랫사람에게도 늘 배우려는 자세를 가지고 있는 데다 어찌나 검소한지 대궐을 드나들 때도 수레를 타지 않는다고 합니다."

대신들은 이황을 이렇게 칭찬했어요.

이황의 벼슬 또한 갈수록 높아졌어요. 하지만 그럴수록 해야 할 일이 점점 더 늘어났지요. 그러다 보니 예전처럼 책을 보고 공부를 하거나 생각에 잠길 시간이 너무나 부족했어요. 이황은 고향으로 내려가 정말 하고 싶은 공부를 하며 살고 싶었어요.

하지만 조정에서는 뛰어난 관리인 이황을 놓아주지 않

았지요. 임금 역시 이황을 무척 아껴 늘 곁에 두고 싶어 했어요. 바쁜 일로 몸이 약해진 이황이 관직에서 물러나겠다고 상소를 올리면 휴가를 주어 쉬도록 할 망정, 관직을 물러나는 것은 받아들이지 않았어요.

바쁜 나랏일을 마치고 늦은 밤 궁궐 문을 나설 때면 이황은 밤하늘에 총총 떠 있는 별을 바라보곤 했어요. 어느새 머리가 하얗게 변한 그는 별을 보며 낮게 중얼거렸지요.

"벼슬에만 머물러 있다 보니 어느새 머리가 반백이 되었구나. 언제쯤 고향으로 내려가 못다 한 공부에 전념할 수 있을까?"

이황은 관직에 머물면서도 책을 한시도 손에서 놓지 않았지만 늘 자신의 학문에 부족한 것이 많다고 여기며 책 읽기를 게을리하지 않았어요. 덕분에 바람 잘 날 없는 궁궐에서 40년간이나 관직 생활을 꾸준히 해낼 수 있었어요. 그동안 이황은 네 명의 임금을 모시며 모두 29종류의 벼슬을 거쳤지요. 또 학자로서는 최고의 영예인 대제학(조선 시대 홍문관과 예문관의 으뜸 벼슬)에까지 올라 왕의 정책을 뒷받침해 주는 역할을 훌륭하게 해냈어요.

공부법 ❻
배운 것은 반드시 실천하기

이황의 공부법에는 두 가지 중요한 것이 있어요. 하나는 차근차근 꾸준히 해 나간다는 것이고, 다른 하나는 배운 것은 반드시 실천한다는 것이지요. 이황은 어릴 때부터 머리가 똑똑했지만 어머니는 오히려 이러한 영특함 때문에 이황이 대충 공부하지 않을까 걱정했어요. 하지만 이런 어머니의 뜻을 잘 알았던 이황은 평생 우직하게 학문에 정진했고, 또 깊어진 학문을 늘 생활에서 실천하고 몸에 배게 해 많은 사람들의 존경을 받았답니다.

배운 것을 실천해 봐요

이황은 책에서 배운 올바른 것을 반드시 실천했어요. 실천하지 않는 공부는 소용이 없다고 여겼기 때문이에요. 그래서 백성을 다스릴 때는 덕으로 다스렸고, 아랫사람들을 따스하게 품었으며, 자신의 이익을 따지지 않고 공명정대하게 일을 처리했지요. 이런 이황의 지행합일 공부법은 깊은 학문과 훌륭한 품성 두 가지를 모두 얻을 수 있도록 해 주었어요.

공부는 무엇보다 성실하게 해요

이황은 정말 성실했어요. 아무리 명석한 두뇌도 성실함을 이길 수 없다는 사실을 이황에게서 잘 찾아볼 수 있지요. 어른들은 '공부는 엉덩이로 한다.'는 말을 하기도 해요. 공부는 꾸준히 하는 것이 가장 중요하다는 뜻이지요. 실제로도 꾸준히 공부하다 보면 어느새 몸과 마음도 공부하는 것에 익숙해지기 때문에 언제 어디서든 금방 집중할 수 있게 된답니다.

목표를 분명하게

분명한 꿈을 가지고 실력을 쌓은
버락 오바마

버락 오바마(Obama, Barack 1961~)
미국 최초의 흑인 대통령. 하와이에서 태어나 2살 때 부모님이 이혼한 뒤로는 새아버지와 할아버지 집을 오가며 어린 시절을 보냈다. 뉴욕 컬럼비아 대학교에서 정치학을 공부하고, 하버드 대학교 법대를 수석 졸업했다. 그 뒤 정치에 뜻을 갖고 민주당에서 활동하다 2004년 상원 의원으로 당선되었다. 그리고 2008년에는 미국 44대 대통령으로 당선되었다.

　구름 한 점 없는 맑은 날이었어요. 하와이 공항에는 인도네시아에서 날아온 비행기가 막 내려앉았어요. 그 비행기에는 10살 소년인 오바마가 타고 있었지요.
　'엄마 말씀대로 여기서는 더욱 열심히 공부할 거야. 링컨 대통령처럼 세상에 꼭 필요한 사람이 되어야지.'
　비행기에서 내리며 오바마는 생각했어요. 그렇게 생각하고는 고개를 들어 보니 저 멀리 마중을 나온 할머니와 할아버지의 모습이 눈에 들어왔어요.
　"오바마, 어서 오너라. 반갑구나. 혼자서 여기까지 오다니 이제 다 컸구나. 기특한 것!"
　할머니는 오바마를 꼭 껴안으며 입을 맞추었어요.
　오바마의 고향은 원래 하와이였어요. 오바마의 아버지는 케냐 출신의 흑인이었고, 엄마는 백인이었지요. 어머니

는 하와이에 유학을 온 아버지를 만나 결혼해 오바마를 낳았어요. 하지만 얼마 되지 않아 이혼을 하고 인도네시아에 사는 새 아버지와 결혼을 했어요. 그 바람에 오바마는 어머니와 함께 새 아버지가 있는 인도네시아 자카르타로 가서 4년을 살았어요.

그러다 오바마가 학교에 갈 나이가 되자 어머니는 오바마를 다시 하와이로 보낸 것이었어요. 오바마가 좀 더 좋은 환경에서 공부하기를 바랐거든요.

"너는 하와이 최고 명문 사립 학교인 푸나호우에 다니게 될 게다. 제대로 된 미국 교육을 받을 수 있는 아주 좋은 학교지. 너도 분명 마음에 들 거야. 너를 위해 오랜만에 할머니가 음식 솜씨를 좀 발휘했단다. 맛있는 것을 잔뜩 만들어 두었으니 어서 저녁을 먹으러 가자꾸나."

할아버지가 잔뜩 신이 나 이야기하며 오바마의 손을 끌었어요. 어머니와 헤어진 오바마의 슬픔을 조금이라도 달래 주려는 마음이었지요. 오바마도 할아버지의 그런 마음을 잘 알고 있었어요.

그렇게 하와이에서의 새로운 생활이 시작되었어요. 부모님과 헤어진 것은 비록 아쉬웠지만 오바마는 새로운 학교 푸나호우에 갈 일이 잔뜩 기대되었답니다. 하지만 학교 생활은 오바마의 그런 기대와는 전혀 달랐어요.

처음 등교해 들어선 교실 안에는 백인 아이들만이 가득했어요. 흑인은 단 한 명도 없었지요. 아이들은 오바마의 얼굴을 보자마자 키득거리기 시작했어요. 타잔과 원숭이 흉내를 내기도 했어요. 오바마가 흑인이라고 비웃는 게 분명했지요.

"자, 조용히 해라. 여기는 새로 전학 온 친구, 버락 오바마란다. 오늘부터 여러분과 함께 지내게 될 거야. 새 학교에 잘 적응할 수 있도록 다들 친절하게 대해 주렴."

그때 교실 맨 뒤쪽에 앉아 있던 아이가 손을 들었어요.

"선생님, 오바마에게 궁금한 게 있는데요!"

"그래, 말해 봐."

그러자 아이는 오바마를 향해 이렇게 물었어요.

"넌 어느 부족 출신이야? 혹시 식인종은 아니지?"

그러자 교실 안은 아이들의 웃음소리로 가득 찼어요. 오바마는 너무 당황해 얼굴이 검푸르게 변해 버렸지요. 선생님의 꾸지람으로 교실은 곧 조용해졌지만 오바마는 한동안 그 충격에서 벗어나지 못했어요.

인도네시아에서와는 달리 하와이에서는 흑인에 대한 차별이 심했어요. 또 넉넉지 못한 집안 환경이 오바마를 학교에서 더욱 주눅 들게 했지요.

푸나호우는 명문 사립 학교답게 학생들 대부분이 부잣집 자녀들이었어요. 그래서 모두들 고급 스포츠를 즐겼고, 세련된 옷차림을 하고 다녔답니다. 하지만 오바마는 늘 유행이 지난 옷을 입었고, 학교도 걸어 다녔어요. 야구나 스케이트보드 같은 운동은 할 줄도 몰랐고요. 그러다 보니 아이들은 오바마를 친구로 받아 주지 않았어요. 쉬는 시간이면 오바마는 혼자서 운동장을 거닐거나 책을 보면서 외로운 시간을 보내야 했어요. 간혹 친구들과 어울리는 기회가 생기더라도 자신이 흑인이기 때문에 무시받는다는 생각을 떨칠 수가 없었어요.

오바마는 이렇게 괴로운 나날을 보내다가 사춘기가 되면서 점점 술과 마약을 가까이하게 되었어요.

'흑인이 무슨 일을 할 수 있겠어? 노력해도 다 소용없는 일이야. 되는 대로 아무렇게나 산다고 해도 아무도 신경 쓰지 않는걸. 그러니 더 이상 힘들게 공부할 필요도 없어.'

오바마는 흑인 친구들과 어울려 다니며 자주 술을 마셨

어요. 밤새 거리를 방황하며 괴로운 현실을 잊으려고도 했지요. 오바마와 친구들은 마약에 취해 사람들과 싸우다 경찰에 잡혀가거나 음주 운전을 하며 교통사고를 내기 일쑤였어요.

하지만 아무리 술을 마시고 방황해 봐도 마음속의 허전함과 고통은 그대로였어요.

'이상해. 도대체 왜 마음이 풀리지 않는 걸까? 힘든 공부도 그만두고 되는 대로 편하게 살고 있는데 왜 여전히 답답한 거지? 더 이상 뭘 어떻게 해야 하는 거야?'

고민을 거듭하던 오바마는 마침내 그 이유를 깨달았어요. 그건 바로 아직 마음속에 간직하고 있던 희망 때문이었지요.

'그래, 어릴 적 내 꿈은 미국의 대통령이었어. 흑인에 대한 차별을 없애고, 누구나 행복하게 살 수 있는 나라를 만드는 훌륭한 대통령 말이야. 그런데 나는 지금까지 뭘 하고 있었던 걸까? 나는 이제 무엇을 해야 하지? 그래, 공부야. 공부를 다시 시작하는 거야. 차별받는 흑인인 내가 세상을 바꾸기 위해서는 우선 공부를 해야 해. 주변 환경이 힘들다고 포기하면 아무것도 이룰 수 없어. 더 열심히 공부해 실

력을 길러야만 내 꿈을 이룰 수 있어. 자, 기운 내. 오바마. 넌 앞을 향해 나아가야만 해!'

그제야 깨달음을 얻은 오바마는 그동안의 방황에서 벗어나기 시작했어요. 술과 담배를 끊고 스스로를 채찍질하며 공부에 몰두했지요.

그때까지 특별히 뛰어난 재능을 보이지 못했던 오바마에게는 노력만이 유일한 힘이었어요. 끊임없는 노력으로 오바마는 결국 미국 뉴욕에 있는 컬럼비아 대학교에 입학할 수 있었어요. 오바마는 미국으로 건너갔답니다.

뉴욕에서 오바마는 오로지 공부에만 집중했어요. 뒤늦게 시작한 공부인 만큼 조금도 한눈을 팔지 않았어요. 건강을 지키기 위해 하루에 5킬로미터씩 걷는 것을 빼고는 집 안에서 온종일 책과 씨름을 할 뿐이었어요.

잠깐 짬이 날 때면 그날 느꼈던 것이나 본 것에 대한 자신의 생각을 기록하기도 했어요. 특히 책 읽기에 취미를 붙였는데 틈이 나면 자신이 읽은 책에 대한 감상도 적었답니다. 이렇게 다져진 독서와 글쓰기 실력은 뒷날 오바마가 대통령이 되었을 때 합리적인 판단을 하는 밑거름이 되었어요. 또 사람들의 마음을 움직이는 감동적인 연설을 하는 데에도 큰 도움이 되었답니다.

많은 친구들이 대학 생활의 자유를 만끽하면서 파티와 연애, 여행에 몰두할 때에도 오바마는 오로지 책상 앞에서 공부에 온 힘을 다 쏟았어요. 공부야말로 자신의 꿈을 이루어 줄 가장 빠른 길이라고 판단했기 때문이었지요.

하지만 친구들은 이처럼 공부에만 몰두해 있는 오바마를 딱하게 여겼어요. 매일 새벽 책을 잔뜩 들고 도서관으로 향하는 오바마를 볼 때면 친구들은 이렇게 묻곤 했지요.

"오바마, 너무 스님처럼 사는 거 아냐? 젊음은 다시 오지 않는 거라고! 좀 즐겨 가면서 공부하는 건 어때?"

"내가 너무 늦게 공부의 맛을 알게 되어서 그런가, 공부하는 것만으로도 충분히 즐겁고 행복하니 괜찮아."

오바마는 친구들의 핀잔에도 재치 있게 대답하며 오로지 집과 학교, 도서관만을 오가는 생활을 계속했어요. 그렇게 졸업반이 되었을 무렵, 오바마는 학교에서 단연 눈에 띄는 학생이 되어 있었어요. 친구들은 이제 그가 흑인이라는 것을 전혀 상관하지 않았어요. 모두가 오바마와 친구가 되고 싶어 했고, 오바마의 뛰어난 실력을 부러워했지요.

"우리 학과의 오바마 말이야. 분명 큰 인물이 될 것 같지?"

"맞아. 오바마는 다른 사람 말에도 귀를 잘 기울이고 리더십도 뛰어난 것 같아. 실력이 대단한 건 물론이고!"

오바마는 사람들의 칭찬에도 자만하지 않고 언제나 자신의 미래를 생각했어요. 어떻게 하면 세상에 쓸모 있는 사람이 될지를 말이에요. 그리고 공부에 계속 최선을 다했어요. 최고가 되려면 그에 맞는 실력을 가지고 있어야 했으니까요. 오바마는 피부색을 뛰어넘어 실력으로 인정받는 사람이 되고 싶었어요.

대학을 졸업한 오바마는 지역 사회 운동에 뛰어들었어요. 지역에 사는 사람들 사이의 갈등이나 사회 문제 등을 해결하면서 좀 더 나은 세상을 만들고 싶었던 거예요. 그런데 일을 하다 보니 부동산 문제나 각종 세금 문제 등 법에

관련된 지식이 많이 필요했답니다.

　오바마는 법을 더 배워야겠다고 마음먹고는 하버드 대학교 법대에 다시 입학했어요. 그때 오바마의 나이는 이미 27살이었지만 다른 학생들보다 나이가 많다고 걱정하지는 않았어요. 배움에는 나이가 전혀 중요하지 않다고 생각했거든요.

　한편 뛰어난 글 실력으로 하버드 대학교 내의 신문인 〈하버드 로 리뷰〉에 기사를 싣기도 했어요. 유명한 대학 신문인 여기에 글이 단 한 편이라도 실리는 것은 매우 영광스러운 일이었지요. 그런데 이 신문에는 오바마의 글이 여러 편 실렸어

요. 이처럼 오바마가 뛰어난 글쓰기 실력을 갖추게 된 것은 뉴욕에 건너온 다음에 꾸준히 해 온 독서와 감상문 쓰기 덕분이었답니다.

"이봐, 오바마. 이번에 〈하버드 로 리뷰〉에서 편집장을 찾고 있다는데, 자네가 한 번 지원해 보면 어때? 자네 실력이라면 충분할 것 같은데……."

"그렇게 말해 주니 고맙네. 그런데 나는 학교를 졸업하면 다시 지역 사회 운동가로 돌아가려고 해. 그러니 나보다는 편집장 경력이 필요한 다른 친구가 그 일을 맡는 게 낫지 않을까?"

오바마는 이렇게 말하며 거절했어요. 하지만 그의 실력과 열정을 알고 있는 친구들은 계속 오바마를 설득했지요. 결국 오바마는 편집장 후보로 지원하게 되었어요.

〈하버드 로 리뷰〉의 편집장 선발은 신문의 유명세만큼이나 치열한 경쟁 속에 치러졌답니다. 하지만 모두의 기대대로 리더십과 실력을 고루 갖춘 오바마가 당당히 선발되었어요. 하버드 대학교 역사상 최초의 흑인 편집장이 탄생한 것이었지요. 흑인이 이 신문의 편집장이 되었다는 사실은 당시만 해도 너무도 놀라운 일이어서 미국의 대표 신문인 〈뉴욕 타임즈〉에 실릴 정도였어요.

그 뒤 오바마는 편집장의 업무와 공부를 함께 하느라 하루에 세 시간밖에 자지 못할 정도로 무척 바쁘게 지냈어요. 그러나 이 두 가지를 모두 훌륭히 해냈답니다.

오바마는 하버드 대학교 법대를 수석으로 졸업했어요. 졸업 뒤 엄청난 연봉을 제시하는 법률 회사에 들어갈 수 있었음에도 그는 처음 생각대로 지역 사회 운동가로 돌아갔지요. 힘들고 어려운 시민들을 돕는 일에서 시작해 그는 정치에 입문했어요. 이때부터 사람들은 버락 오바마라는 이름을 기억하기 시작했지요.

자신의 뜻한 바와 어릴 적 품은 꿈을 잊지 않고, 노력을 계속한 오바마는 미국 일리노이주 민주당 상원 의원을 거쳐 마침내 미국 최초의 흑인 대통령이 되었답니다.

미래를 상상하기

오바마는 힘들고 지칠 때 미래를 생각했어요. 누구든 차별받지 않는 나라, 가난한 사람이 없는 나라를 만드는 훌륭한 대통령이 된 자신의 모습 말이에요. 그러면서 지금 자신이 해야 할 일이 무엇인지 찾아보았어요. 그것은 바로 공부였지요. 이처럼 자신의 목표를 분명히 하면 왜 공부를 해야 하는지 이유가 뚜렷해져 더욱 집중할 수 있답니다.

미래의 꿈을 분명히 떠올려 봐요

흑인에다 가난한 집안 환경 속에서 힘들게 자란 오바마에게 공부는 흑인이거나, 가진 것이 없거나, 나이가 많거나, 사는 곳이 어디이거나에 상관없이 열심히 하는 만큼 보답을 주는 평등한 것이었어요. 또한 대통령을 목표로 한 자신의 꿈은 공부를 열심히 하는 만큼 가까워질 수 있다는 믿음이 있었지요. 여러분도 미래의 꿈을 분명히 해 보세요. 왜 공부를 하는지에 대한 이유도 분명해져 훨씬 기운이 날 거예요.

왜 공부하는지 이유를 찾아봐요

공부를 잘하려면 공부하는 이유를 아는 것이 중요해요. 왜 공부하는지 생각해 본 적이 있나요? '시험을 잘 보기 위해서'나 '엄마가 하라고 해서' 같은 것 말고, 진짜 이유 말이에요. 그 이유는 사람마다 다 달라요. 오바마가 그토록 공부에 매달린 이유는 어려운 환경을 극복하고 대통령이 되고 싶다는 꿈 때문이었답니다. 여러분도 공부하는 이유를 찾아보세요. 그것을 알면 공부하는 것이 더욱 의미 있게 느껴질 거예요.

바보 같은 끈기

평범한 직장인에서 노벨상까지 수상한
다나카 고이치

다나카 고이치(田中耕一, 1959~)
일본의 과학자. 일본 도호쿠 대학교 공학부에서 전기 공학을 전공한 뒤 1983년부터 시마즈 제작소에서 근무했다. 바이오 연구팀에서 일하던 그는 우연한 실수를 계기로 단백질을 분리해 내는 기술을 개발했다. 이 기술은 신약 개발에 큰 도움을 주는 계기가 되었으며, 그는 이것으로 2002년 영국의 존 펜 박사, 스위스의 크루트 뷔트리히 박사와 함께 노벨 화학상을 공동 수상했다. 평범한 직장인이던 그가 노벨상 수상자로 결정되자 일본은 물론 전 세계 사람들의 큰 관심을 받았다.

2002년 10월 9일 오후 6시 15분, 일본 교토에 위치한 시마즈 제작소의 라이프 사이언스 연구소에 전화벨이 울렸어요. 제작소의 연구원들이 막 퇴근 준비를 하고 있던 시각이었지요. 시마즈 제작소는 일본에서 100년이 넘는 전통을 가진 회사로 주로 의료 장비, 계측기와 분석기, 정밀 기기 등을 만들어 냈어요. 그뿐만 아니라 자동차용 소형 축전지나 엑스선 촬영기, 전자 현미경 등을 일본에서 최초로 개발한 회사이기도 했지요.

"이봐, 다나카, 자네 전화일세."

다나카가 전화를 받자 수화기 너머로 익숙지 않은 영어가 들려왔어요. 다나카는 더듬거리는 영어로 대답했지요.

"네, 제가 다나카입니다만……."

"여기는 스웨덴의 노벨상 위원회입니다. 다나카 씨가 올

해의 노벨 화학상 수상자로 결정되었습니다. 축하합니다. 당신의 단백질 분해 기술이 매우 뛰어나……."

노벨상 위원회의 담당자는 이야기를 계속했지만 이미 다나카에게는 아무 말도 들리지 않았어요. 다나카는 그저 멍하게 '감사합니다.'라는 말만 하다가 전화를 끊었지요. 그렇게 멍하게 있던 것도 잠시, 제작소 여기저기서 전화가 울려 대기 시작했어요.

"도대체 무슨 일이야?"

"방송국인데……, 글쎄 우리 회사에 노벨 화학상 수상자가 있다는군. 다나카라는데?"

"뭐야? 정말이야? 그런데 어떤 다나카를 말하는 거지?"

시마즈 제작소에는 다나카라는 같은 이름을 가진 세 명의 직원이 근무하고 있었어요. 제작소 연구원들은 이리저리 수소문한 끝에 다나카 고이치가 그 주인공이라는 사실을 알게 되었지요. 하지만 그때까지만 해도 평범한 회사원이었던 다나카가 노벨상을 타리라고는 아무도 예상하지 못했어요. 그렇다면 그는 어떻게 노벨상을 수상하게 되었을까요? 그의 어린 시절부터 들여다볼까요?

다나카가 초등학교 1학년 때였어요.

"치직, 치익, 치……."

다나카의 아버지는 자주 톱날을 수리하곤 했지요. 망가진 톱을 고치는 일이 아버지의 직업이었거든요. 아버지의 작업장에는 반들반들하게 잘 닦인 줄, 망치, 톱, 대패 들이 가지런히 걸려 있었어요. 세 형제 중 막내였던 다나카는 형들과는 달리 이런 도구들을 구경하는 것을 좋아했어요.

망가진 톱니 하나하나를 줄로 다시 갈아 날을 세우는 작업에는 끈기가 필요했어요. 중간에 하나라도 잘못하면 톱을 완전히 망가뜨리기 십상이었거든요. 아버지가 이처럼 톱날을 갈 때면 다나카 역시 아버지 옆에서 온종일 몸을 웅크린 채 줄로 톱을 문지르는 아버지의 모습을 지켜

보곤 했어요.

"다나카, 뭘 그리 열심히 보니? 하루 종일 지겹지도 않니?"

"아뇨. 재미있어요. 톱날을 하나 하나 갈아 끼우고 나면 다시 쓸모 있는 톱이 되잖아요. 그게 참 신기해요."

"다나카가 기특한 생각을 했구나. 네 말이 맞다. 어렵고 힘들어도 차분히 잘 매만지면 톱을 다시 쓸 수 있게 되지. 그러니 너도 어떤 일을 할 때든 힘들고 어렵다고 생각하지 마라. 차근차근 해 나가면 못할 것이 없단다."

아버지는 다나카의 반짝이는 눈을 보며 찬찬히 설명해 주었어요.

어릴 적 다나카는 언뜻 보면 평범해 보였지만 뭔가 남다른 아이였어요. 특히 집중력이 강했고, 호기심도 많았지요. 그래서인지 또래 아이들이 좋아하는 야구 같은 운동보다는 집 주위의 빈집이나 목재를 쌓아 둔 야적장

같은 곳에 가서 노는 것을 좋아했어요. 다나카에게는 정해진 규칙대로 즐기는 놀이보다 아무렇게나 널려져 있는 야적장의 물건들이 훨씬 흥미로웠어요. 다나카는 이처럼 친구들과 어울리기보다는 혼자 지내는 시간이 많았어요. 그렇다고 소심하거나 어두운 성격은 아니었답니다. 잘 웃는 발랄한 아이였지요.

또한 다나카는 궁금한 것이 있다면 꼭 그것을 알아내고야 말았어요. 아버지와 길을 가다가 새로운 식물을 보면 기억했다가 집으로 돌아와 반드시 식물도감을 찾아볼 정도였지요.

"아빠, 아까 낮에 봤던 그 풀 말이에요. 찾아보니 강활이었어요. 속씨식물이고요."

다나카가 두툼한 식물도감을 가져와 아버지에게 보이며 말했어요.

"그래, 이런 식물도 있구나. 키가 2미터나 자란다고?"

"네, 키도 클뿐더러 이파리에 작은 톱니가 있는 것이 특징이에요. 이제 다시 보면 절대 잊어버리지 않을 거예요."

식물 하나를 더 알게 된 것이 뭐가 그리 기쁜지 다나카는 폴짝폴짝 뛰기까지 했어요.

다나카는 학교 성적이 뛰어난 것은 아니었어요. 그러나 부모님은 학교 성적 때문에 다나카에게 공부를 강요하지는 않았어요. 덕분에 다나카는 학교에서 쉬는 시간이면 도감을 꺼내 읽었고, 심심할 때면 종이로 배나 비행기를 만들었어요. 혼자 창밖을 멍하게 바라보면서 생각에 잠기는 일도 많았고요.

그러던 다나카는 초등학교 4학년 때 처음 과학 실험을 해 본 다음 과학에 흥미를 갖게 되었어요. 하루는 붕산을 물에 녹인 뒤 식혔다가 다시 결정을 얻어 내는 실험을 했어요. 다나카는 수용액 속에서 반짝반짝 빛나는 흰 결정체를 보게 되었어요.

"와, 눈이 내리는 것 같아!"

붕산의 결정체는 너무도 아름다워서 다나카는 그 모습을 오래도록 기억했답니다. 그리고 3개월이 지난 다음이었어요. 수증기에 시험관을 드리워 물방울을 만드는 실험을 하던 중 그 원리가 붕산 실험 때 하던 것과 같다는 것을 깨닫게 되었어요.

"선생님, 이 실험은 기체가 액체가 되는 것이지요? 얼마 전에 했던 붕산 실험에서는 액체가 고체가 되었는데……."

"다나카, 대단하구나! 물질의 형태 변화를 금방 알아내다니!"

선생님은 다나카를 칭찬해 주었어요. 다나카는 그때부터 과학을 좋아하게 되었어요. 수업이 끝난 뒤 학교에 남아서 친구들과 과학 실험을 하기도 하고, 선생님과 과학에 대한 이야기를 나누기도 했지요. 실험실은 아버지의 작업장 다음으로 다나카가 좋아하는 놀이터가 되었어요.

그러나 다나카의 학교 성적은 여전히 보통이었어요. 다나카는 예의 바르고 성실한 학생이었지만 그렇다고 재능이 두드러질 정도는 아니었지요. 하지만 그의 끈기는 뒷날 과학 연구를 하는 데 매우 중요한 재산이 되었답니다. 수백 번씩 같은 실험을 반복해야 하는 과학 연구에 있어서 끈기는 무엇보다 중요했으니까요.

다나카는 대학에 가서는 전기 공학을 전공했어요. 이윽고 졸업반이 된 다나카는 진로를 고민해야 했어요. 학교에 남아 계속 전기 공학을 공부할 것인지, 졸업을 하고 회사에 취직할 것인지 결정해야 했던 거예요. 다나카의 친구들은 공부를 계속하기 위해 대학원에 많이 진학했어요. 하지만 다나카는 대학원을 포기하고 취직을 하기로 마음먹었답니다.

"다나카, 대학원에 안 간다고? 왜? 너도 잘 알겠지만 우리가 지금까지 공부한 것만 가지고는 좋은 일자리를 얻기 힘들어. 그러니 다들 대학원에 가는 것 아니겠어?"

"난 일단 사회에 나가서 내가 만든 무언가가 실제 생활에 사용되는 걸 보고 싶어. 공부만 계속하는 건 재미없어."

그런 다나카가 취직을 위해 처음 선택한 곳은 일본의 전자 기기 제조 회사인 소니였어요. 일본에서 꽤 큰 회사였지요. 하지만 너무 긴장한 탓이었는지 다나카는 최종 시험에서 떨어지고 말았어요. 하지만 시험에 떨어진 다음에도 매일매일 학교 연구실을 드나들며 공부를 계속했지요. 그런 다나카를 눈여겨본 교수님은 다나카에게 교토에 있는 시마즈 제작소를 소개해 주었어요.

"시마즈 제작소는 그리 유명하지는 않은 중소기업이네. 하지만 내 생각에는 이곳이 자네에게 잘 맞을 것 같아. 장래성도 있고 말이야. 또 직장 생활을 하면서 연구도 병행할 수 있을걸세."

"네, 저도 그곳을 압니다. 의료 기기를 주로 만드는 회사지요? 평소에 제가 관심을 가지고 있던 분야예요. 정말 감사합니다."

이렇게 시마즈 제작소에서 일하게 된 다나카는 레이저 광선을 이용한 단백질 분리 기술을 연구하는 부서에 들어갔어요. 당시만 해도 이 기술은 불가능했어요. 복잡한 구조를 가진 단백질은 열에 약해 레이저 광선을 쐬면 금방 부서졌거든요. 그러나 이곳에서는 이 기술을 성공시키기 위해 계속 연구를 하고 있었어요.

이 중에서도 다나카가 맡은 부분은 레이저 광선의 힘을 약화시키는 완충제를 연구하는 것이었어요. 일단 완충제만 발견하면 단백질을 고스란히 분리시킬 수 있었기 때문에 이 완충제의 연구가 시급했지요. 다나카는 2년 넘게 이 연구에 매달렸어요.

한 가지 연구를 그토록 오랫동안 하는 건 쉽지 않은 일이었지요. 이때 다나카의 성실함은 눈부신 힘을 발휘했어요. 그는 이른 아침이면 푸른색 작업복을 입고 회사로 나와 묵묵히 연구에 매진했어요. 여러 가지 완충제의 농도를 각각 달리하면서 실험하고 또 실험했지요.

"아직도 그 실험 중인가? 완충제라면 이제 지겹지도 않아?"

다른 부서의 동료가 다가와 물었어요.

"지겹긴, 재미있어. 모든 실험이 다 비슷한 것 같아도 매번 다르잖아. 연구실 온도도 그렇고, 농도도 그렇고……."

"난 이제 3주 된 실험도 슬슬 지겨워지려 하는데, 자네는 벌써 2년째라니 정말 대단하네."

그러자 다나카는 빙긋 웃으며 말했어요.

"이 실험이 성공한다면 더 바랄 것이 없지만 성공하지 못한다 해도 실험하는 동안 충분히 즐거웠으니 그것만으로 만족해."

그러던 어느 날이었어요. 완충제를 만들던 다나카는 그만 실수로 코발트와 글리세린을 섞고 말았지요.

'아, 어쩌지. 코발트와 글리세린을 섞는 실수를 하다니! 비싼 코발트를 그냥 버리는 건 너무 아까운데……. 밑져야 본전이니 이것도 실험에 한번 사용해 볼까?'

평소 모든 것을 아껴 쓰던 다나카는 실험 기구나 재료도 아끼는 습관이 있었어요. 그러다 보니 그날도 실수로 만든 완충제를 버리지 않고 실험에 사용했지요. 그런데 믿을 수 없는 일이 벌어졌어요. 불가능하다고 여겼던 단백질 분리가 서서히 일어나는 것이었어요. 다나카는 실험실을 뛰쳐 나가 동료들에게 알렸어요.

마침내 다나카는 동료들과 힘을 모아 단백질을 완전하게 분리해 냈답니다. 놀라운 성과였지요. 그런데 일본에서의 평가는 그리 높지 않았어요. 오직 오사카 대학교의 마츠오 다케키요 교수만이 그의 성과를 눈여겨보았지요.

"다나카 씨, 하루빨리 이 연구 결과를 학계에 보고해야 합니다. 이미 독일에서도 이와 같은 연구를 하고 있을 거예요. 우리가 먼저 이 기술을 인정받아야 합니다."

마츠오 교수의 조언 덕분에 다나카는 논문을 완성했어요. 그리고 이 논문으로 결국 노벨상을 수상하게 되었지요.

노벨상을 받을 당시 다나카는 평범한 직장인이었어요. 회사에서 직

급이 높은 것도 아니었지요. 유명한 대학을 나온 것도, 박사 학위가 있는 것도 아니었어요. 영어 실력도 부족해서 노벨상 수상 연락을 받았을 때도 내용을 간신히 알아들을 정도였어요. 그러나 그의 끈기와 실험에 대한 열정은 그토록 큰 성과를 가져왔어요. 노벨상을 받은 다나카는 이렇게 말했지요.

"저의 능력은 그리 특별한 것이 아닙니다. 누구든 가지고 있는 끈기일 뿐이지요. 여러분도 끈기를 가지고 자신만의 독창성을 발휘해 보세요."

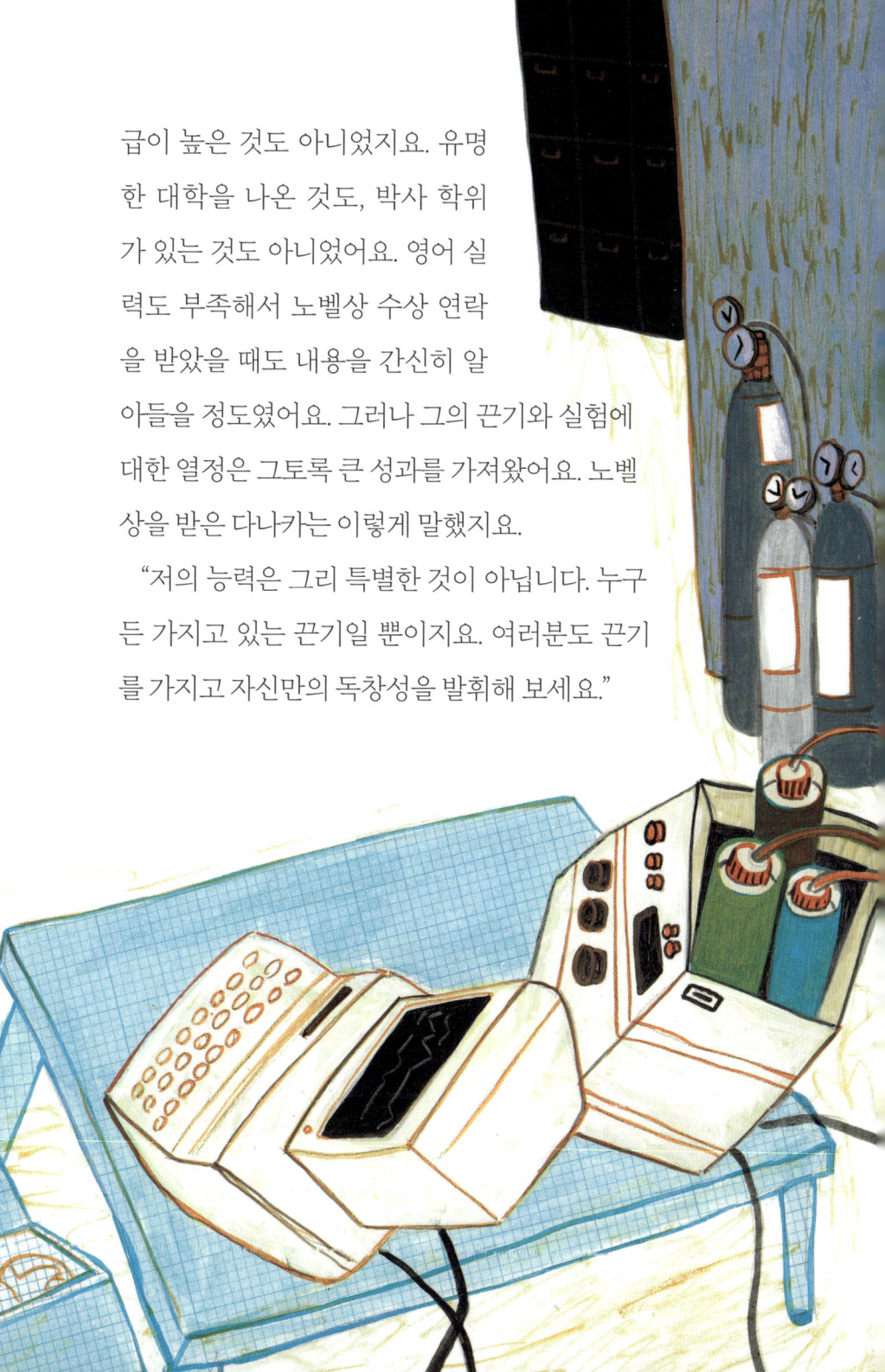

무엇이든 끈기 있게 하기

어린 시절 아버지에게서 꾸준하게 일하는 것의 의미를 배웠던 다나카는 끈기가 몸에 배어 있었어요. 다나카는 사물에 호기심이 많았고, 그것을 해결하려는 노력 역시 끈기 있게 해 나갔지요. 이를 통해 뭔가에 파고들어 자신만의 해답을 얻는 즐거움을 깊이 깨닫게 되었어요. 이처럼 특유의 집념과 끈기, 공부에 대한 즐거움으로 다나카는 큰 성과를 얻을 수 있게 되었답니다.

끈기 있게 내공을 쌓아 봐요

다나카가 세계 최초로 단백질을 분리하는 방법을 발견한 것은 그저 우연일 뿐이라고 말하는 사람들도 있을 거예요. 하지만 만일 다나카가 2년이나 되는 긴 세월 동안 실험을 계속하지 않았다면 이런 결과가 나올 수 있었을까요? 이처럼 어떤 일을 꾸준히 끈기 있게 하다 보면 저절로 내공이

쌓여 어려웠던 문제도 어느새 쉽게 해결할 수 있게 돼요. 여러분도 공부를 할 때 다나카의 끈기를 배워 봐요.

성실함이 1등을 만든다는 걸 기억해요

다나카는 학생 시절 꼴찌를 해 본 적은 없었어요. 그렇다고 1등을 해 본 적도 없어요. 그만큼 아주아주 평범한 사람이었던 거예요. 아마 노벨 화학상을 탄 것이 다나카의 첫 번째 1등일지도 모르지요. 그러니 여러분도 지금 성적이 만족스럽지 못하다고 절대 실망하지 마세요. 다나카처럼 자신이 좋아하는 일이나 공부를 성실하고 끈기 있게 하면 언젠가 멋지게 1등을 할 날이 반드시 올 테니까요!

공부의 즐거움을 알려 주는 명언

세계의 위대한 인물들은 공부에 대한 자신만의 소중한 생각을 명언으로 많이 남겨 두었답니다. 공부의 진정한 의미를 일깨워 주는 이 명언들을 함께 만나 볼까요?

가장 유능한 사람은 배움에 가장 힘쓰는 사람이다.
_괴테(독일의 소설가)

여러분은 어떤 사람이 유능하다고 생각하나요? 얼굴이 잘생긴 사람인가요? 돈이 많은 사람인가요? 괴테는 배우는 것을 즐기고, 배우기에 힘쓰는 사람이 가장 유능하다고 생각했답니다.

공부의 위대한 목표는 앎이 아니라 행동이다.
_스펜서(영국의 철학자)

무조건 공부만 하고 아는 게 많다고 훌륭한 사람이 되는 것은 아니에요. 자신이 아는 만큼 올바로 행동하고 실천해야 진정한 공부를 했다고 말할 수 있어요.

나는 폭풍이 두렵지 않다. 나의 배로 항해하는 법을 배우고 있으니까.
_헬렌 켈러(미국의 교육자, 작가)

헬렌 켈러는 듣지 못하고, 보지 못하고, 말하지 못했지만 두려움이 없었답니다. 바로 공부를 통해 삶의 폭풍 속에서도 흔들리지 않는 자신감을 얻었기 때문이었지요.

현재가 과거와 다르길 바란다면 과거를 공부하라.
_스피노자(네덜란드의 철학자)

어제까지의 자신의 모습이 마음에 들지 않는다고요? 그러면 그것을 거울삼아 공부하세요. 자신을 바꿀 수 있는 첫 번째 방법이자 마지막 방법이 공부이거든요.

어떤 분야에서든 유능해지고 성공하기 위해선 세 가지가 필요하다. 타고난 천성과 공부, 그리고 부단한 노력이 그것이다.
_헨리 워드 비처(미국의 목사)

천성과 공부와 노력, 성공하는 사람에게는 이 세 가지

가 꼭 필요하답니다. 아무리 똑똑한 사람이라도 늘 노력해야 함을 강조한 말이기도 하지요.

가장 중요한 것은 질문을 멈추지 않는 것이다. 신성한 호기심을 절대 잃지 마라.
_아인슈타인(독일의 과학자)

공부에 있어서는 호기심이 중요해요. 겨울에는 왜 강이 어는지, 사람들은 왜 늙는지 등 세상에 호기심을 가지고 질문을 해 나가는 것이 공부의 첫걸음이지요.

제대로 배우기 위해서는 거창하고 교양 있는 전통이나 돈이 필요하지 않다. 스스로를 개선하고자 하는 열망이 있는 사람들이 필요할 뿐이다.
_아담 쿠퍼(영국의 무용가)

공부에 있어서는 열정이 가장 중요한 조건이에요. 역사 속의 공부왕들은 가난도, 불행도, 질병까지도 모두 극복해 내곤 했지요. 그 무엇도 열정을 넘어설 수는 없거든요.

공부는 우리 자신의 무지를 점차 발견해 가는 과정이다.
_월 듀런트(미국의 사학자)

공부를 많이 한 사람들은 공부를 하면 할수록 더 모르겠다고 할 때가 있어요. 그것은 공부를 하면서 이전에 미처 알지 못했던 새로운 세계와 분야를 또 만나기 때문이에요. 그러니 공부에는 끝이 없답니다.

성공은 우연이 아니다. 노력, 인내, 배움, 공부, 희생 그리고 무엇보다 자신이 하고 있는 일을 사랑하는 법을 배우는 것이다.
_펠레(브라질 축구선수)

성공한 사람들에게는 공통점이 있어요. 바로 자신이 하는 일을 즐기고 좋아했다는 거죠. 여러분이 하는 일을 좋아하게 되면 분명 성공할 수 있을 거예요.

더 많이 배울수록, 나는 내가 얼마나 많은 것을 모르는지 더 많이 깨닫는다.
_알버트 아인슈타인(미국의 과학자)

공부는 하면 할수록 더 공부할 게 생겨요. 그래서 한

번 공부의 맛을 알게 되면 누가 강요하지 않아도 알아서 공부하게 된답니다. 천재라고 불린 아인슈타인도 공부를 하면서 비로소 자신이 얼마나 모르고 있는지 알게 되었다니 놀라운 일이죠?

배울 수 있는 능력은 선물이다, 배우는 능력은 기술이다, 배우려는 의지는 선택이다.
_브라이언 허버트(미국의 소설가)

공부하는 게 힘들 수도 있지만 사실, 공부할 수 있는 능력이 있다는 건 선물과도 같아요. 공부하고 싶어도 그런 능력이 없는 사람도 있으니까요. 또 학습 능력은 연습과 경험으로 발전시킬 수 있는 기술이에요. 마지막으로 학습에 대한 의지는 배우고자 하는 마음이 있어야만 진정한 학습이 이루어질 수 있음을 뜻하는 말이에요.

학교 문을 여는 자는 감옥을 닫는다.
_빅토르 위고(프랑스 소설가)

교육은 사람들에게 지식과 도덕적 가치를 가르쳐, 범죄를 예방하고 사회를 더 나은 방향으로 이끌 수 있어요. 교육을 통해 사람들은 더 나은 기회를 얻고, 사회 전체가 발전할 수 있으니까요. 또 범죄자들을 처벌하는 것보다 교육을 통해 예방하는 것이 더 효과적이지요.

더 이상 상황을 바꿀 수 없을 때 우리는 스스로를 변화시켜야 합니다.
_빅터 프랭클(오스트리아 의사이자 작가)

어려운 상황을 만났을 때 우리는 생각이나 감정, 행동을 조정함으로써 대처할 수 있어요. 그리고 그 속에서도 스스로를 성장시키고, 더 나은 사람이 될 수 있는 기회를 찾곤 하지요. 이렇게 할 수 있는 힘은 배움에서 나온답니다.

단단한 어린이가 되는 주니어 자기계발 시리즈 ❶

초등학생 때 배워 평생 써먹는 공부법

초판 1쇄 발행 2024년 8월 25일

| 지은이 | 박은교 |
| 그린이 | 이수영 |

펴낸이   이혜경
펴낸곳   니케북스
출판등록 2014. 4. 7 | 제 300-2014-102호
주소   서울시 종로구 새문안로 92 광화문 오피시아 1717호
전화   (02)735-9515 | 팩스 (02)6499-9518
전자우편 nikebooks@naver.com
블로그   blog.naver.com/nikebooks
페이스북 facebook.com/nikebooks
인스타그램 (니케북스) @nike_books (니케주니어) @nikebooks_junior

ⓒ 니케북스, 박은교 2024

ISBN 978-89-98062-81-1 74190
ISBN 978-89-98062-82-8 74190 (세트)

니케주니어는 니케북스의 아동·청소년 브랜드입니다.

책값은 뒤표지에 있습니다.
잘못된 책은 구입한 서점에서 바꿔 드립니다.